金融學

主　編〇張若為
副主編〇常　婧、賈　寧、田婉娩、付　燕、常　芸

財經錢線

前言

随著全球經濟金融格局的變化以及中國經濟實力的快速發展，中國在全球經濟金融舞臺上發揮著越來越重要的作用。伴隨著中國經濟金融力量的崛起，以金融為核心的現代經濟要維持持久的發展動力，這就需要新形式下的發展策略，也對金融學科領域提出了許多新的問題。探索和理解新問題需要以金融活動及其運行規律和參與主體為出發點。為適應金融學專業應用型人才培養目標的教學需求，我們編寫了這部教材。

本書圍繞具有實踐能力的創新人才的培養目標，以闡述現代金融基本理論、基本原理及其運行規律為出發點，突出「簡單易懂」的原則，深入介紹金融學主要內容和最新發展變化趨勢，實事求是地探討社會主義市場經濟發展中的金融理論及實踐問題。本書具有理論覆蓋廣、信息量大、內容新、表述易懂、實用性強等特點。

全書共分為八個章節。第一章介紹貨幣和信用的基本理論與應用；第二章介紹了商業銀行的產生、發展及主要業務等；第三章主要介紹金融機構的類型及主要業務；第四章主要介紹中央銀行的產生、發展、主要職能及貨幣政策等；第五章主要介紹非銀行金融機構的主要類型及業務；第六章主要介紹金融市場的要素、功能及類型等；第七章主要介紹國際收支、國際儲備、外匯及匯率等內容；第八章主要介紹貨幣的供給與需求。

全書的編寫分工如下：第一章由張若為編寫，第二章由田婉婉編寫，第三章、第五章由賈寧編寫，第四章、第六章由常婧編寫，第七章由常蕓編寫，第八章由付燕編寫，全書的統稿工作由張若為負責。

版社也為本書的出版給予支持和重視，在本書即將出版之際，謹向有關編輯表示最誠摯的謝意！最後，要感謝學校領導對我們工作的一貫支持！

由於一些主客觀原因，本書還有許多不足之處尚待完善，我們將繼續努力改進和提高，懇請同仁和讀者指正。

編寫組

目錄

第一章　貨幣和信用 …………………………………………………（1）
　　第一節　貨幣 ………………………………………………………（2）
　　第二節　信用 ………………………………………………………（13）

第二章　商業銀行 ……………………………………………………（19）
　　第一節　商業銀行概述 ……………………………………………（20）
　　第二節　商業銀行業務 ……………………………………………（25）
　　第三節　商業銀行經營原則與管理 ………………………………（33）

第三章　金融機構 ……………………………………………………（39）
　　第一節　金融機構的類型 …………………………………………（40）
　　第二節　中國金融機構 ……………………………………………（42）
　　第三節　國際金融機構和多邊金融機構 …………………………（49）

第四章　中央銀行 ……………………………………………………（57）
　　第一節　中央銀行的產生與發展 …………………………………（58）
　　第二節　中央銀行的性質與職能 …………………………………（60）
　　第三節　中央銀行的主要業務 ……………………………………（63）
　　第四節　貨幣政策 …………………………………………………（66）

第五章　非銀行金融機構 ……………………………………………… (77)

    第一節　其他非銀行金融機構概述 ……………………………… (78)

    第二節　保險公司 ………………………………………………… (81)

    第三節　證券公司 ………………………………………………… (85)

    第四節　信託公司 ………………………………………………… (89)

    第五節　金融租賃公司 …………………………………………… (92)

第六章　金融市場 ……………………………………………………… (97)

    第一節　金融市場概述 …………………………………………… (98)

    第二節　貨幣市場 ………………………………………………… (104)

    第三節　資本市場 ………………………………………………… (108)

    第四節　衍生金融市場 …………………………………………… (114)

第七章　國際金融 ……………………………………………………… (119)

    第一節　國際收支 ………………………………………………… (120)

    第二節　外匯與匯率 ……………………………………………… (126)

    第三節　國際儲備 ………………………………………………… (129)

    第四節　國際貨幣體系 …………………………………………… (130)

第八章　貨幣供給與需求 ……………………………………………… (137)

    第一節　貨幣需求 ………………………………………………… (138)

    第二節　貨幣供給 ………………………………………………… (143)

    第三節　貨幣均衡 ………………………………………………… (149)

    第四節　貨幣供給與需求的總結 ………………………………… (153)

第一章 货币和信用

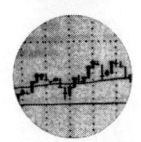
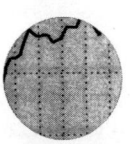
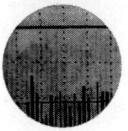

第一節　貨幣

在經濟社會生活中，貨幣和人們的生活生產、經濟的運行發展息息相關。貨幣是金融的本源型要素，學習金融必須先從貨幣入手。在人類歷史長河中，貨幣已有五千多年歷史。馬克思在《政治經濟學批判》一書中引用了 19 世紀中期美國議會議員格萊恩頓的一句話：「受戀愛愚弄的人，甚至還沒有因鑽研貨幣本質而受愚弄的人多。」可見，人們研究貨幣的時間之多，為研究貨幣花費的精力之多，幾乎沒有任何一個問題的複雜程度能超過貨幣問題。

一、貨幣的產生與發展

馬克思認為，貨幣是商品經濟發展的必然產物。原始社會時期，由於生產力落後，勞動產品歸全社會共同所有，不存在商品交換。隨著生產力的提高和社會分工的發展，私有制逐漸形成，商品和商品交換出現。隨著商品交換的發展，貨幣逐漸從商品世界中分離出來，固定充當一般等價物。

商品交換需要滿足兩個條件：第一，相交換的兩種商品具有不同的使用價值；第二，相交換的兩種商品具有相同的價值。在交換的過程中，根據交換的條件，需要衡量商品價值量的大小。但是商品本身不能表現自身的價值，需要借助另外一個相同價值且不同使用價值的商品來表現。這種以一種商品的價值來表現另外一種商品的價值的方式叫價值表現形式，簡稱價值形式。價值形式經歷了從「簡單的或偶然的價值形式→擴大的價值形式→一般的價值形式→貨幣形式」四個階段。

(一) 簡單的或偶然的價值形式

原始社會時期的生產力低下，不存在商品生產，商品交換具有偶然性。於是，一種商品的價值偶然地、簡單地表現在另一種商品上，這就是價值形式發展的原始階段。

(二) 擴大的價值形式

隨著生產力的發展，剩餘產品增加，可以交換的產品種類和數量大幅度增加。並且，隨著第一次社會分工的推動，商品生產專業化程度增強，而生產者的需求更加多樣化，這就促使交換不再是偶然發生，而是經常的、必不可少的經濟活動。這一時期，一種商品的價值就可以通過很多種商品的價值來表現。

雖然這一時期的交換已是經常發生，且一種商品的價值可以由很多種商品表現出來，價值表現形式有了發展和進步。但是也存在一些問題：

1. 價值表現不統一

一種商品的價值通過很多種商品來表現，而這很多種商品的每一種商品都可以用其餘的很多商品來表現其價值，價值表現不統一。

2. 交換的鏈條複雜且難度較大

若想一次交換成功的，即存在「光腳的理髮師尋找長頭髮的鞋匠」雙重偶然才能

完成交換。因此，這是一種不完全、不成熟的價值形式。

（三）一般價值形式

一般的價值形式是指所有商品的價值通過一種商品來表現，這種商品即為一般等價物。一般價值形式是價值表現形式質的飛躍：第一，擴大的價值形式是一種商品的價值由一系列商品表現，而一般的價值形式是一種商品可以表現所有商品的價值；第二，擴大的價值形式本質上還是物物交換，而當一種商品可以表現所有商品價值時，這種商品已不再是普通商品，而是具有交換媒介的特殊商品貨幣。

一般價值形式促進了商品經濟的發展，但也存在一個問題：這種特殊的商品並沒有完全固定在一個商品上，仍然不利於商品交換的進一步發展。

（四）貨幣價值形式

當一切商品的價值固定地由一種特殊商品表現時，即為價值形式的最高階段。在長期的演變過程中，人們發現黃金由於具有質地均勻、價值大、體積小、抗腐蝕、耐高溫、色澤光彩容易鑑別等天然屬性，是最理想的貨幣材料，黃金從此成為貨幣的代名詞。

二、貨幣形態的演變

貨幣最早是實物貨幣形態，之後逐漸被替代，然後慢慢發展成現代信用貨幣。

（一）實物貨幣

實物貨幣本身具有特定的使用價值，早期人們使用的實物貨幣材料有牲畜、五穀、刀具、農具、鹽、貝殼等。中國最早的貨幣為貝幣，不同時期不同地域充當實物貨幣的材料多有不同。但實物貨幣具有攜帶不便、分割不便、保存不便、運輸不便等諸多不利因素。

中國早在春秋戰國時期，就已經使用金屬作為貨幣材料，金屬貨幣是實物貨幣的重要發展階段。中國最早使用的金屬貨幣為銅，之後，一些古文明較發達國家開始使用不同的貨幣金屬。西方發達國家早期的貨幣金屬以黃金為主要幣材。

金屬貨幣的發展和演進有別於普通實物貨幣，其具有獨特的發展規律：金屬貨幣一般經歷了由賤金屬向貴金屬的過渡，無論何種金屬作為貨幣，都先後經過稱量貨幣和鑄造貨幣兩個階段。稱量貨幣在使用時以重量為單位計價，鑄造貨幣以金屬貨幣的數量單位計價。

（二）可兌現的信用貨幣

可兌現的信用貨幣也可理解為代用貨幣，即代替金屬等貨幣流通，其一般的形態為紙幣。中國是最早發行和使用紙幣的國家，中國的紙幣發展源於北宋年間四川成都的「交子」。

紙幣之所以能夠代替金屬貨幣流通，是因為它有十足的金屬貨幣作為保證，紙幣可以自由地與金屬貨幣進行兌換，因此也叫可兌現的信用貨幣。由於可兌換的信用貨幣具有造價低、便於攜帶、容易計價等優點，所以其在貨幣歷史上持續了很長時間。但是它也存在一些缺陷，比如，容易損壞、容易偽造等。所以，這種貨幣最終也被新的貨幣形態所代替，主要在於商品經濟的繁榮發展使得人們對商品和交換的需求快速

擴大，而以黃金作為保證和準備的可兌換信用貨幣無法滿足人們的交換需求。所以金屬貨幣十足的準備逐漸變為部分準備，之後與黃金完全脫鉤，黃金非貨幣化。

（三）信用貨幣

信用貨幣也叫不可兌換的信用貨幣，是由一個國家政府或金融管理當局提供信用保證的流通工具。信用貨幣的流通需要具備兩個條件：一是貨幣發行的立法保證；二是人們對貨幣的信心。

常見的信用貨幣形態主要有：通貨、銀行存款、電子貨幣以及銀行開出的本票、匯票、支票等信用票據。

三、貨幣的本質與職能

（一）貨幣的本質

馬克思從勞動價值理論著手，通過研究價值形式的發展過程揭示貨幣的起源，並得出貨幣是從商品世界中分離出來、起一般等價物作用的特殊商品。貨幣出現後，商品世界分裂成兩極：商品和貨幣。

貨幣作為一般等價物也是商品，因其具有商品的共性，即具有使用價值和價值。貨幣又是特殊的商品，其特殊的點在於：第一，貨幣是可以表現一切商品價值的工具。任何一種商品，只要能夠交換到貨幣，則其價值就得以表現，生產這種商品的私人勞動就轉化為社會勞動。第二，貨幣具有直接同一切商品相交換的能力。普通的商品可以以特定的使用價值滿足人們的需求，但不具有同其他一切商品想交換的能力，而作為一般財富代表的貨幣具有這樣的能力。這兩個特殊點也是貨幣充當一般等價物的兩個基本特徵。

（二）貨幣的職能

貨幣的職能是貨幣本質的具體表現。馬克思的貨幣理論認為，貨幣在與商品交換發展演進的過程中，逐漸形成了價值尺度、流通手段、支付手段、貯藏手段和世界貨幣五種職能，其中價值尺度和流通手段是貨幣的基本職能。

1. 價值尺度

貨幣在表現和衡量商品價值時，執行價值尺度的職能，這是貨幣最基本、最重要的職能。貨幣之所以能夠發揮這一職能，是因為其本身也是商品，同樣具有價值。

貨幣在執行價值尺度時，即在給商品標價時，可以是觀念上或想像的貨幣，不需要實際貨幣。貨幣執行價值尺度需要借助價格標準來完成。由於商品價值大小不同，用貨幣表現的價格不同。為了方便比較，就需要規定貨幣計量單位。在金屬貨幣制度時期，貨幣以重量命名計量單位，貨幣的重量和價值相等，之後隨著代用貨幣的出現和發展，貨幣單位的名稱和重量逐漸脫離。

價值尺度和價格標準既有聯繫又有區別。區別在於：第一，價值尺度的發揮是商品內外價值的外在表現，是在商品交換的發展過程中自發形成的；而價格標準是國家立法確定的。第二，價值尺度職能的發揮是為了衡量商品的價值；而價格標準是衡量不同商品的不同價值量。第三，作為價值尺度，商品的價值隨著勞動生產率的變化而變化；價格標準與勞動生產率無關。兩者之間的聯繫在於人為確定的價格標準這一技

術規定是為價值尺度服務的，貨幣的價值尺度通過價格標準才能發揮作用。

2. 流通手段

貨幣在商品流通中充當交換媒介時，執行流通手段職能。貨幣執行流通手段的職能時必須是現實的貨幣，即一手交錢一手交貨。但不一定是足值的貨幣，可以是價值符號代替。因為貨幣在執行流通手段時，商品從一個所有者手中轉移到另一個所有者手中，貨幣只是發揮媒介作用，至於媒介本身是貨幣還是貨幣的象徵均可。

貨幣發揮流通手段職能具有一定的貨幣危機。貨幣出現之前，商品交換就是物物交換，貨幣的出現使得商品交換包含買和賣兩個環節，有些人賣了商品後不會立即購買，買賣在時間上和空間上分離，社會分工的生產者相互依賴的環節有可能出現中斷，商品生產者之間的關係也更加複雜，這裡面蘊藏著危機的可能性，但造成這種危機並非流通手段本身。

貨幣作為媒介的流通數量受商品流通量的影響。商品流通是貨幣流通的基礎，貨幣流通是商品流通的外在表現。因此，貨幣流通的大小隨流通中商品的價值變化而變化，還受貨幣流通速度（次數）的影響。流通中所需貨幣量（M）取決於三個因素：商品的價格（P）、商品數量（Q）和貨幣流通速度（V）。

$$M = \frac{P \times Q}{V}$$

3. 支付手段

貨幣作為價值的獨立運動形式進行單方面的轉移時，就是在執行支付手段職能。賒帳買賣的商業信用是貨幣支付手段產生的起源，目前貨幣執行支付手段的途徑很多，例如，償債、支付賦稅、租金、捐款、罰款、工資等職能。

貨幣執行支付手段職能具有下述特點：第一，流通手段主要服務於商品流通；而支付手段除了服務於商品流通外，還服務於其他經濟行為。第二，流通手段的發揮不會出現債權債務關係，屬於錢貨兩清的即期交易；而支付手段的發揮會產生債權債務關係，是貨物資金清算交割的跨期交易。第三，支付手段使得經濟中的債務鏈條增長，若鏈條上的某一個主體或一部分主體出現違約，則有可能引發整個債務鏈條斷裂，產生危機。

4. 貯藏手段

貨幣由於某種原因退出流通領域，被持有者當作獨立的價值形式和社會財富的代表保存起來，這種行為是貨幣的貯藏手段職能。

貨幣執行貯藏手段必須是實實在在的貨幣，這與貨幣執行流通手段可以是觀念上的貨幣，執行流通手段可以是價值符號不同。另外，貨幣執行貯藏手段必須退出流通領域，若在流通領域，則發揮流通手段和支付手段職能。

在足值的金屬貨幣時期，貨幣發揮貯藏手段，具有自發調節貨幣流通的作用。當流通中的貨幣供大於求時，多餘的貨幣會退出流通領域；當流通中的貨幣供小於求時，貯藏的貨幣會重新進入流通領域。貨幣就像自動排水、引水一樣實現自動調節。所以，在金屬貨幣流通的條件下，不會發生通貨膨脹問題。目前的信用貨幣不具有自發調節流通中的貨幣量的作用。

5. 世界貨幣

當貨幣跨出國界在世界範圍內充當一般等價物時，則執行世界貨幣職能。

貨幣發揮世界貨幣職能主要表現在支付手段、購買手段和財富轉移三方面。中國人民幣1996年實現了在經常項目下的可兌換，2015年年底，人民幣正式納入國際貨幣基金組織特別提款權貨幣籃子，人民幣已經在逐步實現國際化。同時，黃金並沒有完全退出歷史舞臺，依然是國際間最後的支付、購買以及財富保存的手段。

貨幣的五種職能是有機聯繫在一起的，貨幣的價值尺度和流通手段是貨幣最初、最基本的職能，在此基礎上貨幣逐漸發展出現貯藏手段職能，支付手段職能以前兩個基本職能為基礎，同時以貯藏手段為前提，世界貨幣只能是前四個職能的延伸。總之，貨幣的五種職能是貨幣本質的具體體現，具有內在聯繫性，並隨著商品交換的發展而發展。

四、貨幣制度

（一）貨幣制度及構成要素

貨幣制度是國家法律規定的貨幣流通的結構和組織形式，簡稱幣制。貨幣制度產生於金屬貨幣制度時期，隨著資本主義制度的建立變得統一、規範，隨著商品經濟的發展而不斷演變。

貨幣制度主要包括以下四個要素：

1. 貨幣金屬

貨幣金屬是指規定用哪一種金屬作為貨幣材料。不同的金屬材料構成不同的貨幣本位制度。如果是白銀作為本位貨幣材料，則為銀本位制；如果同時用金、銀作為本位幣材料，則為金銀復本位制。

2. 貨幣單位

貨幣單位包括規定貨幣單位的名稱和單位貨幣的價值。例如，美國的貨幣單位為「元」，根據1934年1月的法令規定，其含金量為0.888,671克。英國的貨幣單位為「鎊」，根據1816年金幣本位法案規定，1英鎊含成色11/12的黃金123.274,47格令（合7.97克）。中國1914年的《國幣條例》規定，貨幣單位名稱為「圓」，每圓含純銀6錢4分8厘（合23.977克）。信用貨幣制度的核心要素為貨幣單位。

3. 貨幣的鑄造、發行和流通

一個國家的通貨主要包括主幣（本位幣）和輔幣，其各自的鑄造、發行和流通是不同的。

（1）主幣。主幣是一個國家流通中的基本通貨，其最小規格是1個貨幣單位，例如，1人民幣、1美元、1歐元、1英鎊等。本位幣具有自由鑄造和無限法償的特點，自由鑄造是指在金屬貨幣流通條件下，人們有權把貨幣金屬送至造幣廠鑄造成金幣或選擇把金屬鑄幣融化成貨幣金屬；無限法償是指法律規定，在貨幣收付中，無論每次支付的金額多大，用主幣支付，收款人不得拒絕接受。

（2）輔幣。輔幣是本位幣以下的小面額貨幣，它是本位幣的等分，其面值一般是貨幣單位的1/10、1/100等。輔幣具有以下特點：一是用賤金屬鑄造；二是不足值的

鑄幣；三是可以和本位幣自由兌換；四是實行限制鑄造，只能由國家鑄造；五是具有有限法償能力，即在一次支付行為中使用輔幣數量超過限額，收款人可以拒絕接受。

4. 準備制度

準備制度的目的在於穩定貨幣。金屬貨幣制度下，準備制度主要是建立國家的黃金準備。信用貨幣制度下，作為發行準備的有黃金、國家債券、商業票據、外匯等。

黃金儲備的用途主要有：第一，作為國際支付的準備金；第二，作為調整國內金屬貨幣流通量的準備金；第三，作為支付存款和兌換銀行券的準備金。當前，世界各國流通信用貨幣，金屬貨幣退出流通領域，黃金儲備的後兩個用途也隨之消失。

(二) 貨幣制度的演變

從貨幣制度的發展歷史來看，其形態經歷了銀本位制、金銀復本位制、金本位制和不兌現的信用貨幣制度四大類型。

1. 銀本位制

銀本位制是以白銀作為本位貨幣的一種金屬貨幣制度。銀本位制下，白銀為本位幣幣材，具有無限法償能力，銀幣可以自由鑄造、自由融化、自由輸出輸入。銀本位制分為銀兩本位和銀幣本位。銀兩本位是以白銀的重量為價格標準，實行銀塊流通。銀幣本位是以一定重量、成色和形制的銀幣為本位幣，實行銀幣流通。

銀本位制是最早的貨幣制度，是前資本主義時期的主要幣材，這與當時經濟發展水準相適應，且持續時間較長。

19世紀後期，世界白銀產量快速增長，白銀供給量大幅度增加，金銀比價波動劇烈。1860年，倫敦市場金銀比價為1∶15，1932年，其下降到1∶73.5。由於白銀與黃金相比體積大而價值小，不能滿足資本主義工業發展下大規模交易的巨額支付，導致許多國家紛紛放棄銀本位制度。

中國也是最早實行銀本位制國家，主要實行銀兩本位制。白銀在唐宋時期已經普遍流通，元、明時期確立了銀兩本位制。清朝宣統二年（公元1910年）四月頒布《幣制條例》，宣布實行銀本位制，但實際上是銀圓與銀兩並存。直到1933年4月，國民政府「廢兩改元」，頒布《銀本位幣鑄造條例》，實行銀圓流通，這種銀圓可以自由鑄造、無限制使用，這時，銀圓才成為真正的本位幣。1935年11月4日，國民政府實行「法幣改革」，宣布禁止使用銀圓，從銀本位制改為實行金匯兌本位制。

2. 金銀復本位制

金銀復本位制是指以金幣和銀幣同為本位幣，均可自由鑄造、自由融化、自由輸出輸入，具有無限法償的貨幣制度。金銀復本位制在16至18世紀流行於資本主義國家的原始累積時期。當封建社會制度向資本主義制度過渡時，一方面，隨著商品生產和交換的發展，小額交易日益增加，社會對白銀的需求相應增加；另一方面，資本主義工業化的發展，對價值較高的黃金需求也快速增加，這是金銀復本位制建立的客觀需求。同期，墨西哥、秘魯的銀礦和巴西的金礦先後被發現並開採，金銀產量大增，這為金銀復本位制的實行創造了條件。

金銀復本位制按照金銀兩種金屬的不同關係分為平行本位制、雙本位制和跛行本位制。

（1）平行本位制。平行本位制是指金幣和銀幣按其實際的價值流通，其兌換比率國家不干預，完全由市場決定比價。由於市場機制形成的金銀比價波動頻繁，致使不同貨幣表示商品的價格也經常波動，造成商品交易混亂。

（2）雙本位制。為克服平行本位的缺陷，一些國家以法律形式規定了金銀比價，實行雙本位制，這是金銀復本位制度的主要形式。雖然雙本位制避免了金銀波動帶來交易紊亂的情況，但又出現了新的問題——「劣幣驅逐良幣」現象，由於這一現象是由16世紀英國伊麗莎白女王一世財政大臣托馬斯·格雷欣發現並提出的，所以又將這一現象稱為「格雷欣法則」。所謂「劣幣驅逐良幣」規律，是指在金屬貨幣制度下，當一個國家同時流通兩種實際價值不同，但法定比價不變的貨幣時，實際價值高於名義價值的貨幣（良幣）必然被人們融化、儲藏或輸出，導致退出流通領域，而實際價值低於名義價值的貨幣（劣幣）則充斥市場。例如，金銀的法定比價為 1∶15，由於某些原因致使金銀市場比價為 1∶16，則金幣價值低估（良幣），銀幣價值高估（劣幣），這種情況下，人們會不斷地從流通中拿走金幣融化成金塊，再按照 1∶16 的比價換成銀塊，鑄造成銀幣，最後按照 1∶15 的法定比價換成金幣，獲得 1 份白銀的利潤。這個過程循環不斷，就會獲得更多利潤，直至金幣完全退出流通領域，銀幣充斥市場。反之，若金銀法定比價 1∶15，而金銀實際比價為 1∶14.5，則金幣為劣幣，銀幣為良幣，金幣充斥市場，銀幣退出。

因此，在金銀復本位制下，雖然法律規定金幣、銀幣同為本位幣，但實際上，市場上只有一種金屬鑄幣在流通。金賤則金幣充斥市場，銀賤則銀幣充斥市場，很難保持兩種鑄幣同時流通。

（3）跛行本位制。在由金銀復本位制向金本位制過渡時期，出現了一種跛行本位制。跛行本位制是指金銀都是本位幣，兩者之間有兌換比率，但國家規定金幣能自由鑄造，銀幣不能自由鑄造，已發行的銀幣依然可以流通，但停止自由鑄造，並限制每次支付銀幣的最高額度，銀幣實際上發揮著輔幣的作用。

3. 金本位制

金本位制是以黃金作為本位貨幣的一種貨幣制度，具體有三種形式：

（1）金幣本位制。金幣本位制是典型的金本位制，國家法律規定以一定重量和成色的金鑄幣作為本位幣。最早從金銀復本位制過渡到金幣本位制的是英國。金幣本位制具有自由鑄造、自由融化、自由輸出輸入的特點，同時，輔幣、銀行券可以自由兌換金幣。

金幣本位制是一種相對穩定的貨幣制度，由於國內外貨幣價值一致，匯率穩定，不會發生貨幣貶值問題，因此，極大地促進了資本主義國家經濟發展和對外貿易的擴大。但是由於資本主義各國發展不平衡，世界黃金存量的分配也極不平衡。1913年末，世界黃金存量的三分之二被美、英、法、德、俄五國佔有，這就削弱了其他國家金鑄幣流通的基礎。另外，少數強國為了戰爭財政支出巨大，逐漸不能保證價值符號的自由兌現，還有一些國家從本國利益出發，用關稅壁壘限制貿易往來，影響黃金在國際間的流通，黃金在國際的自由輸出輸入受到限制。

第一次世界大戰後，金幣本位制遭到破壞，導致許多國家放棄金本位。1924—

1928年，主要資本主義國家的經濟生產恢復到戰爭前水準，相繼恢復金本位制，但由於缺乏實行金本位制的基礎，所以恢復的過程很難。所以，大多數國家只能實行沒有金幣流通的金塊本位制和金匯兌本位制。

（2）金塊本位制。金塊本位制又稱為生金本位制，是指在國內不準鑄造、不準流通的金幣，只發行代表一定含金量的銀行券流通的貨幣制度。金塊本位制雖然沒有金幣流通，輔幣、銀行券不能和黃金自由兌換，黃金由政府集中儲存，居民可按本位幣含金量在達到一定數額後才可兌換金塊。但是，由於發行的銀行券或紙幣有含金量，所以這個貨幣制度依然屬於金本位制。

（3）金匯兌本位制。金匯兌本位制又稱為虛金本位制，是指國家不鑄造金幣，公民不允許自由鑄造金幣，流通中沒有金幣，只有銀行券流通，銀行券可以兌換外匯，外匯可以兌換黃金的貨幣制度。

實行金匯兌本位制的國家規定貨幣有含金量，本國貨幣與某一實行金幣本位制或金塊本位制國家的貨幣保持固定比價，並將黃金、外匯存放在這個國家作為外匯黃金，通過市場買賣以維持固定比價。在流通領域流通的只是銀行券，銀行券可以兌換外匯，其外匯可以在掛勾國家兌換黃金。實行金匯兌本位制的國家實際上使本國貨幣依附在一些經濟實力雄厚的外國貨幣上，是一種附庸關係的貨幣制度。

金塊本位制和金匯兌本位制都是一種殘缺不全的本位制，都沒有金幣的流通，已失去了貨幣自動調節的功能，實行的時間不長，在1929—1933年世界經濟危機的衝擊下崩潰。從此各國開始實行不兌現的紙幣流通制度。

4. 不兌現的信用貨幣制度

不兌現的信用貨幣制度是以紙幣為本位幣，紙幣不能兌換黃金的貨幣制度。20世紀70年代中期以來各國先後開始實行不兌現的信用貨幣制度，這是當前世界各國普遍實行的貨幣制度。其特點是：①不兌現的信用貨幣一般由中央銀行或類似中央銀行的機構統一發行，國家立法賦予其無限法償能力。②貨幣不能兌換黃金，貨幣發行無需金銀做保證，也不受金銀數量的限制。③貨幣通過金融機構的信用業務投入流通領域。④貨幣供給量由中央銀行通過貨幣政策工具進行調節和控制。⑤對流通領域貨幣的調節成為國家對宏觀經濟調控的重要手段之一。當流通領域的貨幣供給量大於需求量，會發生通貨膨脹，這是發行信用貨幣特有的經濟現象。

（三）中國的貨幣制度

人民幣是代表一定價值的符號，人民幣沒有含金量，是不兌現的信用貨幣。1948年12月1日，中國人民銀行正式成立並同時發行人民幣。人民幣貨幣制度主要內容包括以下幾個方面：

第一，人民幣是中國法定貨幣，具有無限法償能力，沒有法定含金量，不能自由兌換黃金。人民幣的單位為「元」，元是本位幣，輔幣是「角」和「分」。人民幣以「￥」為符號，取「元」字漢語拼音「yuan」的首位字母「y」加兩橫而成。1978年2月，聯合國貿易和發展會議以及歐洲經濟委員會將三字符貨幣代碼作為國際通用的貨幣代碼或貨幣名稱縮寫向全世界推薦，中國人民幣的通用代碼為「CNY」，其中「CN」為中國地區代碼，「Y」為中國貨幣單位符號。

第二，人民幣是中國內地唯一合法通貨。國家規定人民幣限額出入境制度，金、銀和外匯不得在國內商品市場計價結算和流通。人民幣實行以市場供求為基礎，參考一攬子貨幣進行調節，有管理的浮動匯率制度，人民幣在經常項目下可兌換外匯，在國家統一規定下的國內外匯市場可買賣外匯。

第三，人民幣的發行權掌握在國家手裡，國家授權中國人民銀行管理貨幣發行工作，中國人民銀行是貨幣的唯一發行機構，並集中管理貨幣發行基金。

第四，人民幣的發行保證。人民幣是信用貨幣，要根據商品生產和流通對貨幣的需求發行貨幣，發行是以商品物資為基礎，同時以政府債券、商業票據、黃金、外匯儲備等作為發行準備。中國建立的黃金和外匯儲備主要用於平衡國際收支。

（四）貨幣層次的劃分

貨幣層次的劃分是指把流通中的貨幣量按照其流動性的大小進行劃分和排列，分成若干層次並用符號代表的一種方法。流動性是貨幣層次劃分的依據，所以流動性是指金融工具在市場上盡可能少損失或不損失的變現速度和方便程度。

各國經濟和金融發展情況不同，對貨幣層次劃分的口徑也不同。

1. 美國聯邦儲備銀行對貨幣層次的劃分

M_{1A}＝流通中的現金＋活期存款

M_{1B}＝M_{1A}＋可轉讓存單＋自動轉帳儲蓄存款＋信貸協會存款帳戶＋互助儲蓄銀行活期存款

M_2＝M_{1B}＋商業銀行隔夜回購協議＋美國居民持有的即期歐洲美元存款＋貨幣市場互助基金帳戶＋所有存款機構的儲蓄存款和小額定期存款

M_3＝M_2＋大額定期存單＋定期回購協議＋美國居民持有的定期歐洲美元存款

L＝M_3＋銀行承兌票據＋商業票據＋儲蓄債券＋短期政府債券等

2. 國際貨幣基金組織對貨幣層次的劃分

M_0＝現金

M_1＝M_0＋活期存款

M_2＝M_1＋儲蓄存款＋定期存款＋政府債券

3. 中國人民銀行對貨幣層次的劃分

M_0＝流通中的現金

M_1＝M_0＋企業的活期存款＋機關團體部隊存款＋農村存款＋個人信用卡類存款

M_2＝M_1＋單位定期存款＋儲蓄存款＋外幣存款＋信託類存款＋證券公司的客戶保證金存款

M_3＝M_2＋金融債券＋商業票據＋大額可轉讓存單

世界各國對貨幣層次的劃分存在著這樣一個規律：金融市場越發達，貨幣層次劃分越多；金融市場化程度越高，貨幣層次劃分越細，反之亦然。

（五）國際貨幣制度的發展

國際貨幣制度是指各國政府對貨幣在國際範圍內發揮世界貨幣職能所確定的規則、措施和組織形式，一般包含三方面內容：第一，確定國際儲備資產；第二，確定匯率制度；第三，確定國際收支不平衡調節方式。國際貨幣制度旨在促進國際貿易的發展

和國際支付的方便。

國際貨幣制度的演變大體上經歷了四種類型：

1. 國際金本位制

國際金本位制大約形成於 1880 年末，至 1914 年第一次世界大戰爆發時結束。在金本位制時期，國際貨幣制度是自發形成的，其建立的基礎是主要資本主義國家國內都實行金本位制。

國際金本位制的特點是：①國際貨幣是黃金，黃金是各個國家中央銀行儲備的主要資產。但由於這一時期英國依靠其強大的經濟實力和殖民統治，在貿易、金融、海運保險等方面具有優勢，英鎊實際上充當世界貨幣的執行，所以金本位制也稱作英鎊本位制。②各國貨幣均有含金量，匯率則由各國貨幣的含金量，即鑄幣平價決定。由於黃金具有自由輸出入的特點，匯率相對穩定。黃金價值的穩定，以及自由鑄造、自由兌換和自由輸出入的特點使得貨幣幣值和匯率都比較穩定，因此，可以認為國際金本位制是嚴格意義的固定匯率制。③國際收支具有自動調節機制。當一國國際收支出現逆差時候，黃金則流向國外，導致國內通貨緊縮，通貨緊縮致使國內物價水準下降，商品價格下滑，這將有助於商品出口。隨著商品出口量的增加，國外黃金逐漸流入國內，國際貿易逆差消除，國際收支實現自動調節平衡。這種自動調節機制，就是英國經濟學家大衛·休謨最先提出的「價格–鑄幣流動機制」。

由於資本主義國家經濟發展不平衡和黃金分佈的極不平衡，使得黃金供應不穩定、不能適應世界經濟發展需求，金本位制自動調節存在嚴重缺陷等，最終這種缺乏彈性的金本位制在第一次世界大戰爆發時崩潰了。第一次世界大戰後，各國無力恢復金本位制，便用金匯兌本位制代替。實行金匯兌本位制國家的貨幣與某一實行金幣或金塊本位制國家（美國、英國、法國、義大利）的貨幣保持一定的固定比價，並將本國的黃金外匯儲備存放在掛鉤國家的中央銀行，通過市場買賣維持固定比價，國內流通的貨幣是銀行券，銀行券不能直接兌換金幣或金塊，只能兌換成外國貨幣。由於金匯兌制度本身的不穩定性和附庸性，在 1929 年世界性經濟危機爆發後，金本位制崩潰且再也無法恢復。

2. 美元本位制

1943 年 4 月 7 日，第二次世界大戰還未結束，英、美兩國各自從本國利益出發，設計了新的國際貨幣制度，英國提出「凱恩斯計劃」，美國提出「懷特計劃」。但由於英國在第二次世界大戰期間遭受戰爭創傷較大，經濟被嚴重破壞，而美國大發戰爭橫財，勢力空前強大。因此，在 1944 年 7 月美國新罕布什爾州布雷頓森林召開的 44 國會議上，通過了以美國懷特計劃為基礎的《國際貨幣基金協定》和《國際復興開發銀行協定》，統稱為《布雷頓森林協定》，形成了以美元為中心的國際貨幣體系，即「布雷頓森林體系」。

本雷頓森林體系的主要內容如下：

（1）建立了一個永久性的國際金融機構，即國際貨幣基金組織（International Monetary Fund，IMF），旨在促進國際貨幣合作。國際貨幣基金組織是二戰後國際貨幣制度的核心，其各項規定形成了國際金融的基本秩序，在一定程度上維持國際金融形式

的穩定。

(2) 以黃金為基礎，以美元為最主要的國際儲備貨幣，形成「雙掛勾」制度，即黃金與美元保持固定比價，確定 1 盎司黃金等於 35 美元的官方價格，各國政府或央行可以用美元的官價向美國兌換黃金，其他國家的貨幣與美元掛勾並保持固定比價。

(3) 實行可調整的固定匯率制度。各國按照其各自含金量與美元確定比價，匯率上下浮動不超過 1%，若超出規定的範圍，各國政府有義務在外匯市場進行干預，保持匯率穩定。當出現國際收支不平衡時，經國際貨幣基金組織批准，可以進行匯率調整，這叫可調整的固定匯率制。

(4) 國際貨幣基金組織向國際收支逆差國提供短期資金融通。會員國在需要國際儲備時，可用本國貨幣向國際貨幣基金組織按程序購買一定數額的外匯，在規定時間內用黃金或外匯購回本幣的方式償還。

(5) 取消外匯管制。《國際貨幣基金協定》第 8 條規定，會員國不得限制經常項目的支付，不得採取歧視性的貨幣條款，要在兌換性的基礎上實行多邊支付。

(6) 制定了「稀缺貨幣」條款。當一國國際收支持續盈餘，並且該國貨幣在國際貨幣基金的庫存下降到其份額的 75%以下時，國際貨幣基金可將該國貨幣宣布為「稀缺貨幣」。於是，國際貨幣基金可按赤字國家的需求實行限額分配，其他國家有權對「稀缺貨幣」採取臨時性限制兌換，或限制進口該國的商品和勞務。

布雷頓森林體系建立一個相對穩定的國際金融秩序，促進了國際貿易和世界經濟的增長。但是由於布雷頓森林體系實際上是美元本位制，美元是國際儲備貨幣，這就要求美國提供充足的美元來滿足國際清償的需求。同時，美元與黃金的固定比價要求美國供給不能太多，以維持各國對美元的信心。美國耶魯大學教授羅伯特·特里芬在 20 世紀 50 年代通過研究布雷頓森林體系的內在機理，提出了這一矛盾，即美元供給太多會有不能兌換黃金的風險，美元供給太少會發生國際清償力不足的問題，稱為「特里芬難題」。

1960 年 10 月，美國外兌債務已超過其黃金儲備額，第一次美元危機爆發，各國開始大規模拋售美元、搶購黃金。1971 年 8 月，美國面對本國巨額國際收支逆差和各國中央銀行兌換黃金的壓力，宣布實行「新經濟政策」，停止美元兌換黃金。1971 年 12 月，「十國集團」在美國首都華盛頓的史密森召開會議，達成了《史密森協議》，主要內容是 1 盎司黃金＝38 美元，且停止兌換黃金；調整各國貨幣與美元的匯率；允許各國貨幣兌美元匯率波動範圍從上下波動 1%擴大到上下波動 2.25%。1973 年，美國再次宣布美元貶值，1 盎司黃金＝42.22 美元。直到 1973 年 3 月，加拿大元、義大利里拉、日元、瑞士法郎和英鎊自由浮動，其他國家也陸續放棄維持固定匯率制度，實行貨幣自由浮動。至此，布雷頓森林體系的固定匯率制度徹底解體。

3. 有管理的浮動匯率制度

布雷頓森林體系崩潰後，國際貨幣秩序動盪不安，不利於國際貿易和國際經濟的發展。1976 年國際貨幣基金組織「國際貨幣制度臨時委員會」在牙買加金斯敦召開會議，達成《牙買加協定》。同年 4 月，國際貨幣基金理事會通過了《國際貨幣基金組織協定》第二次修正案，形成了國際貨幣關係的新格局。

《牙買加協定》的主要內容包括：①黃金非貨幣化。廢除黃金條款，取消黃金官價，各會員國中央銀行可按市價自由進行黃金交易，取消會員國之間以及會員國與國際貨幣基金組織之間須用黃金清算債權債務的義務。國際貨幣基金組織所持有的黃金應逐步加以處理。②浮動匯率合法化。會員國可以自由選擇任何匯率制度。但會員國的匯率政策應受國際貨幣基金的監督，並與國際貨幣基金協定。③提高特別提款權的國際儲備地位。特別提款權逐步取代黃金和美元成為國際貨幣制度的主要儲備資產。④擴大對發展中國家的資金融通。國際貨幣基金用出售黃金所得收益設立「信託基金」，以優惠的條件向最貧窮的發展中國家提供貸款或援助，以解決他們國際收支的困難。⑤增加會員國的基金份額。成員國對國際貨幣基金組織所繳納的基金份額由原來的 292 億特別提款權增加到 390 億特別提款權，各成員國應繳份額比重也有所改變。主要石油輸出國比重提高 1 倍，由 5% 增加到 10%，其他發展中國家維持不變。

《牙買加協定》後的國際貨幣制度實際上是以美元為中心的多元化國際儲備和浮動匯率體系。在這個體系中，黃金的國際作用嚴重削弱，但並沒有完全消失；美元在諸多儲備貨幣中仍居主導地位，但其地位不斷削弱，原西德馬克、日元地位不斷提高，特別提款權和歐洲貨幣的儲備貨幣地位也在提高。在這個體系中，各國所採取的匯率制度自由安排，主要發達國家貨幣的匯率實行單獨浮動或聯合浮動，多數發展中國家採取釘住匯率制度，把本國貨幣釘住美元、法國法郎等單一貨幣，或釘住特別提款權和歐洲貨幣單位等合成貨幣，還有國家採取其他多種形式的有管理的浮動匯率制度。在這個體系中，國際收支的不平衡通過多種渠道進行調節。除了匯率機制以外，國際金融市場和國際金融機構也發揮重要作用。

國際浮動匯率制度中的國際貨幣儲備體系多元化，由於缺乏統一穩定的貨幣標準，匯率隨經濟波動引發匯率市場動盪，對國際貿易、國際投資和國際經濟帶來影響。面對匯率動盪的衝擊和國際貿易風險加大，進一步改革國際貨幣制度，成為各國普遍關注的問題。

第二節　信用

信用和貨幣一樣，具有古老的發展歷史，是金融學基本要素之一，是本源性要素的發展和延伸，是現代金融市場和金融機構發揮作用的基礎。它是商品經濟發展到一定階段的產物。本節主要介紹信用的產生和發展、信用工具及基本特徵等。

一、信用的含義與特徵

（一）信用的含義

信用一詞源於拉丁文「Credo」，其意思為信任、誠信等。信用的含義有多種，但從經濟金融角度講，信用是指以借貸並償還本息為特徵的經濟行為，是不發生所有權變化的價值單方面的暫時讓渡或轉移。

在借貸活動中，債權人將商品或貨幣借出，稱為授信；債務人接受債權人的商品或貨幣，稱為受信；債務人遵守承諾，按期償還商品或貨幣並支付利息，稱為守信。

因此，信用的本質是財產使用權的讓渡，這種轉移或讓渡不是無償的，是以還本付息為條件的借貸行為。這種借貸行為是一種受法律保護的契約關係。

（二）信用的特徵

無論是什麼樣的信用形式，都具有共同的特徵：

1. 信用以相互信任為基礎

信用關係的建立必須以交易雙方相互信任為條件。如果交易雙方互不信任或出現信任危機，信用關係即使發生了，也不可能長久持續下去。

2. 以還本付息為條件

信用資金的接待是有償的，信用關係一旦確立，債務人將承擔按期還本付息的義務，債權人將擁有按期收回本息的權利，且利息的多少與本金金額、信用期限相關。

3. 信用是價值運動的特殊形式

價值運動的一般形式是通過商品的直接買賣關係實現的。在買賣過程中，賣方讓渡商品的所有權和使用權，取得貨幣的所有權和使用權，其運動形式是 G-W′-G；買方則相反。信用關係引起的價值運動是通過借貸、償還和支付過程來實現的，其運動形式是 G-G′。從表面上看，信貸資金的運動形式是「錢生錢」的過程，但實際上信貸資金是以產業資金為基礎而運動的。

4. 以收益最大化為目標

信用關係確立的前提是以借貸雙方追求收益最大化或成本最小化。無論是實物借貸還是貨幣借貸，債權人將閒置資金（實物）借出，都是為了獲取閒置資金（實物）的最大收益，避免資本閒置所造成的浪費；債務人借入所需資金或實物同樣是為了追求最大收益，避免資金不足所帶來的生產中斷。

二、信用形式

現代經濟又稱為信用經濟，信用關係普遍存在，信用形式繁多。按信用主體不同，可分為商業信用、銀行信用、國家信用、消費信用和其他信用。其中，商業信用是最基本的信用形式，銀行信用是最主要的信用形式。

1. 商業信用

商業信用是指工商企業之間以延期付款或預付款的形式相互提供的信用。目前，商業信用的具體形式除了延期付款、預付款，還有分期付款、委託代銷等。商業信用包含兩個同時發生的經濟行為：買賣行為和借貸行為。一方面是信用雙方的買賣交易；另一方面是信用雙方債權債務關係的形成。

商業信用對於企業之間調劑資金餘缺、提高資金使用效率、節約交易成本、加速商品流通等發揮著重要作用。但也存在一些局限性：第一，具有較嚴格的方向性。商業信用是企業之間相互提供的信用，其對象是商品資本，信用只能由產品的生產者提供給產品的需求方，而不能反方向提供信用。第二，商業信用的規模受產業規模的約束。商業信用所能提供的信用數量受其產業資本規模的閒置。一般來說，產業資本規模越大，商業信用的規模也就越大；反之越小。第三，信用工具的接受性存在限制。商業票據是商業信用工具，由於企業的信用的有限性，其開出的商業票據在使用範圍

上具有一定的限制，只能通過票據貼現等方式轉換為貨幣才具有廣泛的可接受性。第四，信用鏈條不穩定性。商業信用是工商企業之間相互提供的，企業和企業之間信用關係錯綜複雜，一個經濟社會有多少工商企業，就可能就多少信用關係環節。當某一環節因債務人不能按期履約而造成債務鏈條斷裂，就有可能引發債務危機，甚至衝擊銀行信用，嚴重則會引發金融危機。

由於上述局限性，商業信用對資源和資金的配置具有分散性、盲目性特點，不能有效滿足市場經濟資源的合理配置。因此，商業信用雖然是社會信用最普遍的形式，但不是最主要的信用形式。

2. 銀行信用

銀行信用是指銀行及其他金融機構以存、貸款等多種業務形式提供的貨幣形態的信用。銀行信用是在商業信用基礎上發展起來的一種更高層次的信用。

銀行信用具以下三個特點：第一，銀行信用克服了商業信用數量規模上的局限性。銀行機構將社會閒散資金聚合後統一進行借貸，其借貸資金的規模不受銀行信貸業務相關的產業、企業規模限制。第二，銀行數量克服了商業信用方向、範圍、期限等限制。銀行的信貸資金是獨立的，不屬於產業資本範疇，因此，信貸資金在方向和範圍上沒有限制，在期限上可以通過「借短期貸長期」實現轉換。第三，銀行信用的風險一般低於商業信用。相比企業，銀行等金融機構具有規模優勢、信息優勢、專業優勢等，這些均有助於降低信息成本和交易成本，有效降低信用雙方的信息不對稱引發的逆向選擇和道德風險問題。

由於上述銀行信用的優點，使得它在整個信用體系中占據核心地位，發揮主導作用。

3. 國家信用

國家信用是指國家及其附屬機構作為債權人或債務人向社會公眾或外國政府舉債或放債的一種形式。

國家信用伴隨著政府財政赤字的發生而產生。隨著各國經濟的發展，財政支出龐大，財政赤字成為普遍現象，為彌補財政赤字或資金不足，向社會公眾發行債券或向外國政府舉債成為各國政府必然選擇。另外，當國內經濟增長出現需求不足時，政府可以通過發行國債投資增加財政支出，推動經濟擴張發展，同時，國債投資的政府行為也會引導銀行信貸和民間投資趨勢，因此，政府通過國家信用達到調節經濟的目的。

在國家信用中，債權人多為銀行和其他金融機構、企業和居民。由於政府債券的安全性高、流動性強、收益穩定，是市場廣受歡迎的投資工具。中央銀行通過買賣政府債券進行公開市場操作，調節貨幣供給量，實現宏觀調控。

4. 消費信用

消費信用是指向消費者提供的、用於滿足其消費的信用，其實質是通過賒銷或消費貸款等方式，為消費者提供提前消費的條件，加速商品流通，促進經濟發展。

消費信用的形式主要有三種類型：①商品賒銷。這是一種短期消費信用形式，商品銷售方以延期付款的銷售方式向消費者提供信用，如信用卡消費。②分期付款。這是一種中期消費信用形式，消費者先支付一部分貨幣（首期付款），然後按照合同分

期分攤還本付息。這種付款方式在購買耐用消費品中廣泛使用。③消費貸款。這屬於中長期信用，銀行或其他金融機構直接貸給消費者用於購買耐用消費品、住房以及支付旅遊費等。消費貸款可分為一次償還和分期償還兩種方式。中國商業銀行目前的消費貸款主要有住房貸款、汽車貸款和助學貸款等。

三、信用工具

信用活動的載體即為信用工具。信用工具是契約關係的法律證明，是資金供求雙方融資活動所簽發的證明債權債務關係的法律有效憑證，也稱融資工具、金融工具、金融資產、金融商品等。

信用工具主要包括票據、信用證、信用卡、股票、債券等。

（一）票據

票據是債權債務關係的書面憑證，代表一定數量貨幣請求權的有價證券。票據在法律規定的條件下可以流通轉讓，發揮匯兌、支付、結算等功能。中國現行票據法規定，票據包括匯票、本票和支票三種。

票據通過背書可以轉讓流通。背書指的是票據背面或者粘貼單上記載有關事項並簽章的票據行為。每個背書人和票據簽發人（出票人）同樣需對票據的支付負責。如果票據的簽發人不付款，票據持有人有權向背書人要求付款。除非票據上記載「不可轉讓」或「現金」字樣，則不可轉讓。

1. 匯票

匯票是出票人簽發的，委託付款人在見票時或者在指定日期無條件支付確定金額給收款人或持票人的票據，包括銀行匯票和商業匯票。

銀行匯票是匯款人將款項存入當地出票銀行，由出票銀行簽發的，由其在見票時按照實際結算金額無條件支付給持票人或收款人的票據。銀行匯票是見票即付，屬於即期票據。

商業匯票是出票人簽發的，委託付款人在指定日期無條件支付確定金額給收款人或者持票人的票據，需要承兌後票據才有效。商業匯票分為商業承兌匯票和銀行承兌匯票。

2. 本票

本票是出票人簽發的，承諾自己在見票時無條件支付確定金額給收款人或持票人的票據。根據中國現行票據法規定，本票指銀行本票，沒有商業本票。銀行本票是指申請人將款項交存銀行，由銀行簽發的承諾自己在見票時無條件支付確定金額給收款人的票據。

3. 支票

支票是銀行的存款人（出票人）簽發的，委託存款銀行在見票時無條件支付確定金額給收款人或持票人的票據。

支票按其支付方式分為現金支票和轉帳支票兩種。前者可以支取現金，後者只能用來轉帳。轉帳支票常在票面劃兩條紅色平行線，也稱劃線支票、平行線支票或橫線支票。

（二）信用證

信用證是銀行根據其存款客戶的請求，並按其指示向第三方發出，在一定的期限內憑符合規定的單據付款的書面保證文件。信用證是銀行有條件保證付款的證書，是國際貿易活動中常用的結算方式。

（三）信用卡

信用卡是銀行提供給客戶先消費後還款的小額信貸支付工具。即消費者在卡裡沒有現金的情況下進行消費，享受一定的免息還款期。

（四）股票

股票是股份公司為籌集資金而發給投資者的入股憑證。股票持有人即為公司的股東。股票種類有多種，按照有無票面金額分有票面金額的股票和無票面金額的股票；按是否記名分為記名股票和不記名股票；按盈利的不同分配方式分優先股票和普通股票。

（五）債券

債券是債務人向債權人承諾在指定日期償還本金並支付利息的有價證券。按照債券發行者不同分為國家債券、公司債券和金融債券。

本章思考題

1. 談談你對貨幣起源的認識。
2. 簡析貨幣的本質及五大職能。
3. 貨幣形態經歷了哪些發展變化？
4. 簡要說明貨幣價值形式的演進過程。
5. 如何理解「劣幣驅逐良幣」現象？
6. 信用的基本內涵及主要形式都有哪些？
7. 貨幣層次劃分的依據是什麼？淺析中美兩國貨幣層次劃分的基本內容差異。

第二章　商業銀行

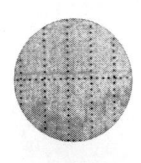
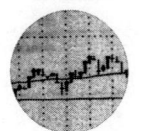
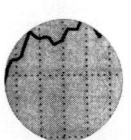

第一節　商業銀行概述

一、商業銀行的概念

（一）商業銀行的概念

商業銀行是現代金融體系的主體，距今已有300多年的歷史，是一國銀行體系中最重要的金融機構。早期的商業銀行主要吸收短期存款，並相應發放短期商業貸款，商業銀行由此而得名。隨著資本主義經濟的發展，商業銀行也在不斷發展演變，其經營對象遠遠超出了傳統的業務範疇，現代意義上的商業銀行是具有信用創造功能、以經營存放款和辦理結算業務為主要業務、以獲取利潤為主要經營目標的綜合性金融機構。

在西方金融體系中，商業銀行是某一類銀行的抽象化的一般概念，具體到某一家銀行時一般並不直接稱為商業銀行，如美國的國民銀行、英國的存款銀行、日本的城市銀行、法國的信貸銀行等都屬於商業銀行，但是都沒有直接命名為商業銀行。可見商業銀行是一個總體抽象概念，不是指某一家或某幾家銀行，而是指具有某種共同職能和特徵的一類銀行。

（二）商業銀行的產生與發展

1. 商業銀行的產生

近代銀行起源於文藝復興時期的義大利，當時的義大利處於歐洲各國國際貿易的中心地位。早在1272年，義大利的佛羅倫薩就出現了一個巴爾迪銀行。1310年，佩魯齊銀行成立。1397年，義大利又設立了麥迪西銀行，10年後又出現了熱那亞喬治銀行。當時的這些銀行都是為了方便經商而設立的私人銀行，比較具有近代意義的銀行則是1587年設立的威尼斯銀行。

此後，世界商業中心由義大利移至荷蘭以及歐洲北部。1609年，荷蘭成立阿姆斯特丹銀行。1621年，德國成立紐倫堡銀行，1629年，德國又成立了漢堡銀行。這些銀行除了經營貨幣兌換、接受存款、劃撥款項等業務外，也發放貸款。這時所經營的貸款業務仍帶有高利貸性質，而且貸款對象主要是政府和擁有特權的企業，大多數商業資本家仍得不到信用支持。

與此同時，在英國出現了通過金匠業發展而來的銀行。1653年，英國建立了資本主義制度，英國的工業、商業都迅速發展，需要有可以提供大量資金融通的專門機構與之相適應。金匠業以自己的信譽作擔保，開出代替金銀條塊的信用票據，並得到了人們的廣泛認可，具有流通價值，便產生了更具有現代意義的銀行。1694年，英國政府為了同高利貸作鬥爭以維護新興資產階級發展工商業的需要，同時也是為了英法戰爭籌款的需要，設立了一家專門為戰爭籌款的機構，由1,286名商人以股份制的形式籌集了120萬英鎊，成立了英格蘭銀行。英格蘭銀行成立以後就向工商企業發放低利率的貸款，英格蘭銀行的成立，標誌著現代銀行的誕生。

2. 商業銀行的形成途徑

西方國家商業銀行產生的社會條件和發展環境各不相同，歸納起來主要有以下兩條途徑：

第一，從舊的高利貸銀行轉變而來。早期的銀行是在資本主義關係還未建立時成立的，當時貸款的利率非常高，屬於高利貸形式。隨著資本主義生產關係的建立，高利貸因利息過高影響資本家的利潤，制約著資本主義的發展。此時的高利貸銀行面臨著貸款需求銳減的困境和關閉的威脅。不少高利貸銀行順應時代的變化，降低貸款利率，轉變為商業銀行。這種轉變是早期商業銀行形成的主要途徑。

第二，按資本主義組織原則，以股份公司形式組建而成的現代商業銀行。大多數商業銀行都是按照這一方式建立的。最早建立起資本主義制度的英國，也最早建立資本主義的股份制銀行——英格蘭銀行。

3. 商業銀行的發展

儘管各國商業銀行產生的條件不同，且經過幾個世紀的發展，商業銀行的經營業務、服務範圍發生了巨大的變化，但是縱觀世界商業銀行的發展過程，基本都遵循著兩種模式。

（1）英國式融通短期資金模式的商業銀行。這一模式深受「實質票據論」的影響和支配，資金融通有明顯的商業性質，因此主要業務集中於短期的自償性貸款。銀行通過貼現票據發放短期貸款，一旦票據到期或承銷完成，買款就可以自動收回。這種貸款由於與商業活動、企業產銷相結合，所以期限短、流動性高，商業銀行的安全性就能得到一定的保證，並獲得穩定的利潤。但是其不足之處在於使得商業銀行的業務發展受到一定的限制。

（2）德國式綜合銀行模式的商業銀行與傳統模式的商業銀行相比，綜合式的商業銀行除了提供短期商業性貸款以外，還提供長期貸款，甚至可以直接投資股票和債券，幫助公司包銷證券，參與企業的決策與發展，並為企業提供必要的財務支持和諮詢服務。這種綜合式的商業銀行有「金融百貨公司」之稱，有利於銀行開展全方位的業務經營活動，充分發揮商業銀行的經濟核心作用，但是會增加商業銀行的經營風險。

二、商業銀行的性質

（一）商業銀行是企業

商業銀行具有現代企業的基本特徵，其經營目標和經營原則與一般企業相同，所以商業銀行同樣要追求經營利潤的最大化，要實行自主經營、自負盈虧、自擔風險、自求發展的原則。

（二）商業銀行是經營特殊商品的特殊企業

商業銀行不是一般的企業，而是經營貨幣和貨幣資金、提供金融服務的金融企業。商業銀行的活動範圍不是一般的商品生產和商品流通領域，而是貨幣信用領域，它以信用方式與工商企業及社會經濟生活的其他方面發生廣泛的聯繫，具有調節社會經濟生活的特殊作用。

三、商業銀行的職能

商業銀行的特殊性質決定了商業銀行的基本職能，一般來說商業銀行具有以下幾個主要職能：

（一）信用仲介

信用仲介是指商業銀行通過負債業務，將社會上的各種閒散資金集中起來；通過資產業務，將所集中的資金運用到國民經濟各部門中去。作為存款金融仲介機構，銀行對資金多餘單位和資金短缺單位都提供金融服務，為借貸活動充當信用仲介，這是銀行最基本的職能。銀行的信用仲介職能對經濟的發展起著極大的推動和促進作用。銀行的信用仲介職能將社會各方面的閒置貨幣集中起來，並將其轉化為現實的生產和流通資本，使閒置貨幣得到充分有效地運用，從而減少閒置貨幣在社會總資本中的份額，促進經濟發展。

（二）支付仲介

支付仲介職能是指商業銀行利用活期存款帳戶為客戶辦理各種貨幣結算、貨幣收付、貨幣兌換和轉移存款等業務活動。在執行支付仲介職能時，商業銀行是以企業、團體或個人的貨幣保管者、出納或支付代理人的資格出現的。由商業銀行充當支付仲介，為客戶進行非現金結算，大大減少了現金的使用，節省了社會流通費用，加速了結算過程和貨幣資金的週轉，起到了促進擴大再生產的作用。借助於支付仲介職能，商業銀行成為國民經濟活動中的現金出納中心和轉帳結算中心。

（三）信用創造

信用創造是指商業銀行利用其吸收活期存款的條件，通過發放貸款、從事投資業務而衍生出更多的存款，從而擴大貨幣供應量。商業銀行的信用創造包括兩層意思：一方面，現代商業銀行產生後，打破了貴金屬的壟斷，創造了銀行券和支票等信用流通工具，既節約了流通費用，又能及時滿足經濟發展對於流通手段和支付手段的需要；另一方面，借助於支票流通和非現金結算制度，銀行的信用活動還可以創造出大量的派生存款，從而使銀行可以超過自身資本和吸收的存款數額來擴大貸款規模。通過其信用創造的制約機制，商業銀行成為調節宏觀經濟的槓桿。中央銀行可以通過貨幣政策工具的使用，有力地影響商業銀行信用創造的規模，從而有效地調控全社會的貨幣供應量，影響整個社會的經濟活動水準。

（四）金融服務

商業銀行的金融服務職能是指商業銀行通過自身的業務活動為滿足全社會對貨幣的各種需要而提供多樣化的服務。商業銀行聯繫面廣、信息靈通，特別是電子計算機的廣泛應用使商業銀行具備了為客戶提供更好的金融服務的技術條件。社會化大生產和貨幣流通專業化程度的提高又使原本屬於企業自身的貨幣業務也交由銀行代理，如發放工資、催收貸款、代理支付等。因此，隨著商業銀行業務領域的不斷擴展，與客戶的聯繫日益密切，商業銀行在整個國民經濟中的影響也越來越大。

四、商業銀行的外部組織結構

商業銀行的組織制度是一個國家用法律形式所確定的該國商業銀行體系、結構及

組成這一體系的原則的總和。目前，各國商業銀行產生和發展的經濟條件不同，因而組織形式也存在一定的差異。世界上商業銀行的組織制度主要有以下四種類型：

(一) 單元銀行制

單元銀行制又稱單一銀行制，是指商業銀行業務由各個相互獨立的銀行本部經營，不設立或不允許設立分支機構。每家商業銀行既不受其他商業銀行的控制，也不得控制其他商業銀行。這種銀行制度以美國為典型代表。

這種銀行制度的優點是有利於自由競爭，防止銀行壟斷；有利於銀行和地方經濟的融合；銀行具有較高的獨立性和自主性，業務經營的靈活性也較大；銀行管理層較少，有利於銀行內部的經營管理。其缺陷是銀行規模較小，經營成本高，不易取得規模經濟效益，抗風險能力差；使銀行易受該地區、該行業經濟發展狀況的影響；業務發展和金融創新受限制；作為金融監管部門要面對大量的金融機構，從而削弱了金融監管的效果。

(二) 總分行制

總分行制是指法律上允許在總行以外，在國內外其他地區設立分支機構的一種銀行制度。這種銀行一般在大城市設立總行，在中心城市設立分支機構，所有分支機構統一由總行領導。這種銀行制度以英國為典型，目前世界上大多數國家都實行這種銀行制度。

與其他銀行制度相比，總分行制優點十分明顯，即分支機構多、分佈廣，便於吸收存款、擴大經營規模、增強銀行實力；大量的分支機構便於資產在地區和行業上的分散，降低放款的平均風險，提高銀行的安全性；銀行規模較大，易於採用現代化設備，提供多種便利的金融服務，取得規模效益；銀行總數少，便於金融監管當局的監管。

當然，總分行制也有一定缺點，即不利於自由競爭，該制度容易造成大銀行對小銀行的吞並，形成金融壟斷，使小銀行處於不平等的競爭地位；銀行規模過大，內部層次結構較多，加大了銀行內部的控制難度。但是總的來看，總分行制更能適應現代經濟發展的需要，因而成為目前各國普遍採用的一種銀行制度。

(三) 持股公司制

持股公司制又稱集團銀行制，是指一個集團成立持股公司，再由該公司收購或控制兩家以上的若干獨立的銀行而建立的一種銀行制度，這些獨立銀行的業務和經營決策由持股公司控制。

持股公司制的優點是能夠有效地擴大資本總量，增強銀行的實力，提高抵禦風險和參與市場競爭的能力，彌補單元銀行制的不足。但是實行持股公司制的缺點在於容易形成銀行業的集中和壟斷，不利於銀行之間開展競爭，並在一定程度上限制了銀行經營的自主性，不利於銀行的創新活動，阻礙了銀行業的發展。

(四) 連鎖銀行制

連鎖銀行制又稱聯合銀行制，是指由一個人或某一個集團購買若干獨立銀行的多數股份，進而控制這些獨立銀行的業務和經營決策。這種控制可以通過持有股份、共同指導或法律允許的其他方式完成。連鎖銀行的每個成員都有自己的獨立法人地位，

擁有自己的董事會，但是由於受控於同一人或集團，因此還有統一的決策機構。

連鎖銀行制與持股公司制具有一定相似之處，但是也有區別。連鎖銀行制不設置持股公司，而是通過若干家銀行互相持有對方股票，互相成為對方股東方式結成連鎖關係。連鎖銀行雖然表面上是獨立的，但是在業務上互相融合、互相支持，常常調劑餘缺、互通有無，而且其控制權往往掌握在同一財團手中，成為實質上的分支銀行制。這兩種銀行制度都以美國最為典型。

（五）跨國銀行制

跨國銀行制又叫國際財團制，是指由不同國家的大型商業銀行合資組建銀行財團的一種商業銀行組織形式。跨國銀行制的商業銀行經營國際資金存貸業務，開展大規模投資活動。目前，在世界經濟一體化和跨國公司發展的背景下，跨國銀行制這種組織形式也日漸增加。

五、商業銀行的經營模式

按照是否與其他金融機構存在業務交叉，商業銀行的經營模式分為分業經營和混業經營兩種模式。

（一）分業經營模式

分業經營模式也稱專業化業務制度。其核心在於銀行業、證券業、保險業、信託業之間分業經營、分業管理，各行之間有嚴格的業務界限。

分業經營的優點主要有：第一，分業經營為兩種業務發展創造了一個穩定而封閉的環境，避免了競爭摩擦和合業經營可能出現的綜合性銀行集團內的競爭和內部協調困難問題。第二，分業經營有利於保證商業銀行自身及客戶的安全，阻止商業銀行將過多的資金用在高風險的活動上。第三，分業經營有利於抑制金融危機的產生，為國家和世界經濟的穩定發展創造了條件。

分業經營的缺點主要有：第一，以法律形式所構造的兩種業務相分離的運行系統，使得兩類業務難以開展必要的業務競爭，具有明顯的競爭抑制性。第二，分業經營使商業銀行和證券公司缺乏優勢互補，證券業難以利用、依託商業銀行的資金優勢和網絡優勢，商業銀行也不能借助證券公司的業務來推動其本源業務的發展。第三，分業經營也不利於銀行進行公平的國際競爭，尤其是面對規模宏大，業務齊全的歐洲大型全能銀行，單一型商業銀行很難在國際競爭中占據有利地位。

（二）混業經營模式

混業經營模式是指銀行不僅可以經營傳統的商業銀行業務，如存款、貸款等，還可以經營投資銀行業務，包括證券承銷交易、保險代理等。實行混業經營模式的金融機構主要有兩種：一種是德國式的全能銀行，銀行依法從事包括投資在內的，涉及商業銀行、證券、保險業務的各種金融業務；另一種是金融控股公司，此形式在美國最為發達和典型。

混業經營的優勢主要有：第一，能同時從事經營商業銀行業務和證券業務，可以使兩種業務相互促進，相互支持，做到優勢互補。第二，混業經營有利於降低銀行自身的風險。第三，混業經營使全能銀行充分掌握企業經營狀況，降低貸款和證券承銷

的風險。第四，實行混業經營，任何一家銀行都可以兼營商業銀行與證券公司業務，這樣便加強了銀行業的競爭，有利於優勝劣汰，提高效益，促進社會總效用的上升。

混業經營的缺點主要有：第一，容易形成金融市場的壟斷，產生不公平競爭。第二，過大的綜合性銀行集團會產生集團內競爭和內部協調困難的問題；可能會招致新的更大的金融風險。

20世紀30年代以前美國商業銀行經營不受限制，還兼營工商業務。1933年頒布的《格拉斯–斯蒂格爾法》實現了商業銀行、投資銀行在機構、業務、人事上的分離。1998年5月13日，美國眾議院通過了《1998年金融服務業法案》，該法案首創「金融控股公司」這一法律概念。該法案規定，金融控股公司的母公司既可以是商業銀行，也可以是證券公司或保險公司，同時取消了這三類不同性質的金融機構限制交叉持股的禁令。1999年11月12日，美國總統克林頓簽署了國會通過的《金融服務現代化法案》。該法案的目的是使所有的美國人都能夠獲得一條龍式的金融服務，即客戶可以在一家金融企業內辦理其所需要的金融交易，如儲蓄、信貸、證券、保險、信託等全方位的金融服務。

在中國，各種金融機構獨立經營，獨立監管，保持分業經營的模式。

第二節　商業銀行業務

一、負債業務

商業銀行的負債業務是銀行融通資金、籌措經營資本和資金的業務，也就是形成其資金來源的業務。負債業務決定商業銀行資金來源的規模和結構，從而決定商業銀行資金運用的規模和結構。負債業務是資產業務的基礎和前提。商業銀行的負債主要包括自有資本、存款負債和借入負債三種類型。

（一）自有資本

自有資本又稱銀行資本或資本金，是指銀行為了正常營運而自行投入的資金，代表股東對銀行的所有權。自有資本是商業銀行實力強弱的標誌之一，也是商業銀行經營發展和業務擴展的基礎。自有資本的多少還體現商業銀行資本實力對債權人的保障程度。在現代商業銀行中，自有資本往往是其資金來源的一小部分，但是其作用巨大，可以減少商業銀行的經營風險，維持商業銀行業務的正常經營和使商業銀行保持適度的資產規模。銀行以什麼形式獲得的資金可以被認定為是銀行資本金呢？在過去較長的時期內，銀行資本金的標準是由各國政府金融監管部門定義的。隨著金融國際化進程的推進，巴塞爾委員會頒布的《巴塞爾協議》（《關於國際銀行的資本衡量和資本標準》）的思想逐步被世界上大多數國家認可，成為各國政府定義國際銀行資本金的統一標準。《巴塞爾協議》規定：國際銀行的資本金由一級資本（核心資本）和二級資本（附屬資本）構成。一級資本由股本、資本盈餘、法定公積和未分配利潤構成；二級資本由債務性資本構成，具體細節可由各國政府自行定義。

從嚴格意義上講，銀行資本應屬淨值，不應算在負債之內，而將其列入負債方只是為了表明它與各種負債共同構成了銀行的資金來源，不能因此而將銀行的債權與所

有權相混淆。

(二) 存款負債

存款是商業銀行最主要的資金來源，也是商業銀行最主要的負債。存款為銀行提供了絕大部分資金來源，並為實現銀行各職能活動提供了基礎。按照傳統的存款劃分方法，商業銀行的存款分為活期存款、定期存款和儲蓄存款。

1 企業活期存款

活期存款是存款人可以隨時存入和提取的存款。存款人可以在自身的存款額度內隨時簽發支票，或進行日常支付和結算。活期存款存取數量大、流通速度快、支付頻繁，銀行需要付出大量的人力物力，因此西方商業銀行對活期存款一般不支付利息，活期存款是商業銀行的「專利業務」，是商業銀行創造存款貨幣的基礎。

2 企業定期存款

定期存款是指存款人在銀行存款時先約定存款期限，到期才能提取本金和收取利息的存款。若存款人提前支取必須承擔相應的利息損失。定期存款一般採用記名、存單方式存取。定期存款具有較高的穩定性，是商業銀行吸收外來資金中較可靠的部分，可用於中長期貸款業務，因此各國商業銀行均給予較高的利息。

3 居民儲蓄存款

儲蓄存款一般是個人或非營利單位為積蓄貨幣，取得利息收入而採用的一種憑存折或存單提取的存款方式，包括活期儲蓄存款、定期儲蓄存款等。對儲蓄存款一般要支付利息，在商業銀行負債業務中，居民儲蓄存款是最普遍、最重要的業務之一。其特點是易變性強，對於通貨膨脹、經濟波動的敏感性高，如果出現擠兌，容易引發危機。

(三) 借入負債

商業銀行在自有資本和存款不能滿足放款需求時，或銀行資金的流動性不足時，可以通過各種借款主動尋求資金，因此借款是商業銀行的主動負債。商業銀行借入資金主要有以下渠道：

1. 向中央銀行借款

商業銀行向中央銀行借款的形式主要有兩種：一種是直接借款，即再貸款。再貸款是指商業銀行以政府債券等信用等級較高的證券作為抵押擔保，向央行貸款獲得資金融通的融資行為。央行提供的再貸款以短期為主，主要是用於解決商業銀行調劑頭寸、補充儲備等需要。另一種是間接借款，即再貼現。在市場經濟發達的國家，由於商業票據和貼現業務的廣泛流行，再貼現成為商業銀行向中央銀行借款的主要渠道；在商業票據信用不普及的國家，商業銀行主要採取再貸款的形式向中央銀行借款。

2. 向其他金融機構借款

向其他金融機構借款又稱為同業拆借，是指金融機構之間的短期資金融通，主要用於日常資金週轉，是解決短期資金餘缺、調劑法定準備頭寸而相互融通資金的重要方式。

3. 向國際金融市場借款

國際金融市場特別是歐洲貨幣市場交易量大，資金來源充裕，借款手續簡單，資

金流動性強,受政府管制少,調撥資金靈活,利差小。商業銀行很願意採用這種借款渠道,尤其是在國內信貸資金緊張時,向國際金融市場借款是商業銀行重要的資金來源。

4. 向社會公眾借款

商業銀行發行中長期金融債券借入資金,主要是適應中長期投資和放款的資金需要或作為附屬資本的來源。向社會公眾借款是商業銀行以發行人的身分直接向貨幣所有者舉借債務並承擔債券利息的融資方式。這種渠道獲得的資金來源穩定,但是資金成本較高,增大了銀行經營的風險。

二、資產業務

資產業務是運用資金的業務,通過對這種業務運作狀況的考察,能反應出銀行資金的存在形態及銀行所擁有的對外債權。商業銀行的資產業務按資金運用方式可分為現金資產、信貸資產和證券投資。

(一) 現金資產

現金資產是商業銀行應付客戶隨時提現的資產準備,通常被稱為存款準備金。現金資產包括庫存現金、存放在中央銀行的準備金、存放同業的現金和結算中占用的現金。現金主要為滿足商業銀行日常管理工作中客戶提存、營業支出等需要,是商業銀行經營中必不可少的資產組成部分,是銀行信譽的基本保證。現金資產不能給銀行帶來收益,且保管費用較高,因此商業銀行一般都把現金資產控制在法律規定的最低標準之內。

(二) 信貸資產

信貸資產是銀行發放的各種貸款。貸款是商業銀行取得利潤的主要途徑,是商業銀行與客戶保持良好關係的重要條件,也是商業銀行最主要的資產,一般占商業銀行總資產的 50%~70%。

1. 商業銀行的貸款種類

商業銀行貸款業務活動十分複雜,為了便於經營,通常依據貸款期限、貸款用途、貸款的保障程度和貸款質量等對其進行分類。

按貸款期限不同,貸款可分為短期貸款、中期貸款和長期貸款。短期貸款是指貸款期限為 1 年以內的貸款;中期貸款是指貸款期限為 1~5 年的貸款;長期貸款是指貸款期限為 5 年以上的貸款。

按照貸款用途不同,貸款可分為工商貸款、不動產貸款和消費貸款。工商貸款是指發給工商企業的貸款,是商業銀行最主要的貸款;不動產貸款是指以土地、房地產等不動產作抵押而發放的貸款;消費貸款是指貸放給個人消費者滿足其消費需求(大多為高檔耐用消費品)的貸款,消費貸款按用途不同又可分為住房貸款、汽車貸款、助學貸款和度假旅遊貸款等。

按照貸款的保障程度不同,貸款可分為信用貸款、擔保貸款和抵押貸款。信用貸款是指銀行完全憑藉客戶的信譽、無須提供抵押物或第三者保證等任何擔保而發放的貸款;擔保貸款是指商業銀行憑藉客戶與擔保人的雙重信譽而發放的貸款;抵押貸款

是指商業銀行憑藉客戶提供的有一定價值的資產作為抵押而發放的貸款。

按照貸款質量不同，貸款可分為正常貸款、關注貸款、次級貸款、可疑貸款和損失貸款五類。正常貸款是指借款人能夠履行借款合同，有充分把握按時足額償還本息的貸款；關注貸款是指貸款的本息償還仍正常，但是存在一些可能對償還貸款產生不利影響的貸款；次級貸款是指借款人的還款能力出現明顯問題，依靠正常收入已無法保持足額償還本息的貸款；可疑貸款是指借款人無法足額償還本息，即使執行抵押或擔保，也肯定要造成一部分損失的貸款；損失貸款是指採取了所有可能的措施和一切必要的法律程序之後，本息仍無法收回，或只能收回極少部分的貸款。

2. 商業銀行發放貸款的原則

在西方國家，為了保證貸款的安全與盈利，銀行非常重視對借款人信用情況的調查與審查，根據實踐總結出了一套評價標準，即「6C」標準。

品德（Character），即借款人是否具有償還債務的意願和能否嚴格履行合同，過去是否有一些不良的品德記錄。

才能（Capacity），即借款人的才干、經驗、判斷能力、業務素質優劣等。沒有才能容易導致投資失敗，貸款的安全性較低。

資本（Capital），即借款人資本的數量和真實性。借款人如果資本雄厚，則貸款的風險較小。

擔保或抵押品（Collateral），即貸款申請人用來還款保證的抵押物。有擔保或抵押品的貸款比信用貸款風險要小得多。

經營環境（Condition），即借款人的行業在整個經濟中的發展趨勢、政局變化、經濟週期、同業競爭情況。此外，對企業自身的經營狀況，如技術水準、勞資關係和購銷條件也應考慮在內。

事業的連續性（Continuity），指對借款客戶持續經營前景如應變能力、適應發展需要能力的審查。因為現代科學技術日新月異、飛速發展，產品更新換代的週期日趨縮短，市場競爭愈演愈烈，所以，企業只有能夠適應經濟形勢及市場行情的變化，才能繼續生存並發展下去。只有如此，銀行貸款才能避免收不回來的風險。

當然，就中國目前銀行貸款的實際情況來看，還存在很多人為的干擾因素，諸如行政干預嚴重、貸款管理制度存有漏洞等，結果導致銀行貸款的安全性受到嚴重威脅，貸款效益也不盡如人意。針對這種情況，中國人民銀行頒布的《貸款通則》明確規定：借款人與貸款人的業務往來應當遵循自願、平等、誠實和守信的原則。

（三）證券投資

證券投資是指商業銀行以其資金在金融市場上購買各種有價證券的業務活動。近些年來，由於利率和匯率風險加劇，尤其是受到一些發展中國家債務危機的困擾，西方國家商業銀行資產業務證券化趨勢明顯，銀行貸款比例下降，投資業務的重要性日益增強。投資與貸款相比，具有較強的主動性、獨立性。銀行投資於證券有兩點好處：一方面為其暫時多餘的資金找到投放途徑，從而取得收益；另一方面，需要資金時又可在證券市場上迅速售出變現，其靈活調度資金性能優於貸款。而且由於投資證券時，銀行不是唯一債權人，所以風險較小。

商業銀行進行證券投資的目的主要是為了獲得收益、分散風險和保持流動性。取得收益是商業銀行證券投資業務的主要目的，在貸款需求減弱或收益較低而找不到理想的客戶的情況下，銀行將閒置的資金投資於證券，使資金得到了充分的運用，又由此增加銀行的收益。同時，證券投資使商業銀行的資產得以分散，從而為分散風險提供了一種選擇。在銀行的經營中，現金資產具有高度的流動性，是第一準備，而既有利息收入，又可轉手出售的短期證券則是商業銀行理想的第二準備，可滿足商業銀行流動性要求。

商業銀行證券投資的主要對象包括政府債券、公司債券和股票。其中政府債券安全性最高、流動性最強，是較好的二級準備金，在商業銀行投資總額中所佔的比重最大。公司債券的盈利性要高於政府債券，但流動性和安全性要差得多，因此，商業銀行購買公司債券的比重一般都低於政府債券的比重，且應注意風險評估，以防止風險損失。股票投資風險較大，各國對商業銀行從事股票投資都有程度不同的限制。20世紀80年代以來，隨著金融自由化趨勢和金融業國際國內競爭的加劇，金融混業經營已形成大趨勢，相應地，各國對商業銀行投資的限制也在開始放鬆、放開。但中國目前金融業仍然是分業經營，按中國商業銀行法的規定，商業銀行不得從事境內信託投資和股票業務。因此，目前中國商業銀行證券投資業務的對象主要是政府債券和中央銀行、政策性銀行發行的金融債券等，且規模都不大。

三、表外業務

表外業務是由商業銀行從事的不列入資產負債表內，而且不影響資產與負債總額的業務。表外業務的特點是服務與資金的分離，是銀行提供的非資金服務。在多數情況下，銀行只是充當仲介人，為客戶提供保證。根據是否承擔風險，表外業務分為無風險的表外業務和有風險的表外業務。無風險的表外業務也叫中間業務，有風險的表外業務是狹義上的表外業務。

(一) 無風險的表外業務——中間業務

中間業務是指銀行不需動用自己的資金，代理客戶承辦支付和其他委託事項而收取手續費的業務。中間業務主要有以下內容：

1. 結算業務

結算業務是各經濟單位之間因商品交易、勞務供應、資金轉移等原因所引起的貨幣收付行為。按收付形式的不同可分為現金結算和轉帳結算。現金結算是在經濟往來中直接使用現金進行貨幣收付的結算方式，在中國，現金結算有特定的使用範圍。轉帳結算又稱為非現金結算或銀行結算，是通過商業銀行劃撥轉帳的方式完成貨幣收付的結算方式。轉帳結算是中國商業銀行最主要的日常中間業務。

商業銀行在辦理結算過程中，應遵循三條基本結算原則：一是恪守信用，履約付款；二是誰的錢進誰的帳，由誰支配；三是銀行不墊款。按照有關規定，中國結算制度實行以「三票一卡」為主體的支付工具體系，並在此基礎上使用匯兌、委託收款和托收承付的結算辦法。「三票」就是中國票據法規定的匯票、本票、支票，其中，匯票包括銀行匯票和商業匯票，本票主要是指銀行本票；「一卡」就是信用卡。

按照收款人和付款人所處的地點不同,可以分為同城結算與異地結算。

同城結算是指收款人與付款人在同一城市或地區的結算,其主要結算方式是支票結算。若支票的收付雙方在同一銀行開戶,銀行即將支票上所載的金額從付款人帳戶劃轉到收款人帳戶上。若支票的收付雙方不在同一銀行開戶,則需通過票據交換所實現交換。隨著計算機網絡技術的推廣和應用,大多數票據結算、清算業務都通過金融體系的自動轉帳系統進行。所有參加這一系統的銀行之間的同業拆借、外匯買賣和匯款劃撥等,都不再通過支票或通知書,而是通過將有關數據輸入自動轉帳系統的終端機來進行,結算速度更快。

異地結算是指收款人與付款人不在同一地區時的結算。異地結算有匯兌、托收和信用證結算三種方式。匯兌是指付款人將現款交付給銀行,由銀行把款項支付給異地收款人的一種業務。托收與此相反,收款人向付款人開出一張匯票,要求其付款,並把匯票連同有關單據一起交付給托收行,委託其代為收款。信用證結算則是一種由銀行提供付款保證的結算業務,在國際貿易中普遍採用。

2. 代理業務

代理業務是指商業銀行在客戶指定的委託範圍內代客戶辦理某些特定業務的一種中間業務。目前,中國商業銀行所開展的代理業務主要有代理收付款、代為清理債權債務、代理保管等。

(1) 代理收付款是指銀行為客戶代為辦理指定項目的收付款事宜。其可分為代收業務和代付業務。代收包括代收貨款、管理費及水、電、煤氣費等;代付包括代付貨款、運費、租金、保費等。

(2) 代為清理債權債務業務可分為代理清理「人欠」貨款、代理清理「欠人」貨款、代理融資三項業務。前兩項比較簡單,代理融資是指商業銀行或專業的代理融通公司代客戶收取應收款項,並向客戶提供資金融通的一種業務方式。

(3) 代理保管業務,指銀行設置保管庫,接受單位或個人的委託,代為保管各種貴重物品或單證的業務。它又可分為露封代保管、密封代保管、保管箱出租三種方式。

3. 租賃業務

商業銀行租賃業務是指商業銀行出資購買一定的物品,直接或間接地以出租人的名義將物品租給承租人在約定的期限內使用,通過收取租金逐步收回投資本息的業務。租賃業務的基本類型有:

(1) 經營性租賃。又稱為服務性租賃或操作性租賃,適用於租期相對較短、通用性較強的財產、設備。經營性租賃在租賃契約期內由出租人負責設備的安裝、保養、維修、繳納稅金、支付保險費和提供專門技術服務等。承租方在提前通知的情況下,可以中途解約。經營性租賃的租期一般要短於設備的預期壽命,每一次租金的收入往往不足以全部抵消設備成本,因此,經營性租賃又被稱為未完全付清的租賃。租賃期滿,不發生所有權轉移,可以續租、退租,但不能以象徵性價格購入。

(2) 融資性租賃。又稱為資本性租賃,是一種國際通行的長期租賃形式,是指由出租方融通資金,為承租人提供所需設備,承租方定期償還租金並獲得設備資產的使用權。融資性租賃的租金大致相當於設備折舊、貸款利息與管理手續費的總和。在融

資性租賃契約期內，租賃物的挑選、維修、保養、保險由承租人負責，承租人通常在租賃期滿後以象徵性價格取得設備的所有權。融資性租賃可以採取直接租賃、回租租賃、轉租賃、槓桿租賃等不同的形式。

4. 信託業務

信託即信任委託，是建立在信任基礎上的財產經營管理制度。商業銀行的信託業務是指商業銀行作為受託人，接受委託人的委託，為了受益人的利益而代為管理、營運或處理所託管的財產的業務。信託一般涉及三個關係人：委託人、受託人和受益人。委託人一般是信託財產的所有人；受益人是享受信託財產利益的人，一般必須由委託人指定，可以是委託人本人，也可以是委託人指定的其他人。

與信貸業務不同，商業銀行對信託業務一般只收取有關的手續費，而營運中所獲得的收入則歸委託人或其指定的受益人所有。同時，信託也不同於代理，在代理關係中，代理人只是以委託人的名義，在委託人指定的權限內辦事，在法律上，委託人對委託財產的所有權並沒有改變；而在信託關係中，信託財產的所有權從委託人轉移到了受託人手中，受託人以自己的名義管理和處理信託財產。

信託業務種類很多，可以從不同的角度進行劃分。如按組成信託關係的對象劃分，有個人信託和法人信託；按成立信託關係的方式劃分，有任意信託和特約信託；按受益對象劃分，有公益信託和私益信託；按信託財產的不同，有資金信託、動產信託和不動產信託等。

5. 諮詢業務

諮詢業務是商業銀行接受客戶委託，以其專門的知識、技術、經驗和廣泛的聯繫，為客戶提有關市場和客戶的情況、經濟信息，解答各種疑難問題的一種服務性業務，主要有資信調查、商情諮詢、投資諮詢、金融諮詢、財務諮詢、介紹客戶等。在現代社會中，信息成為社會發展的主要支柱之一，信息是無形的財富，商業銀行憑藉廣泛的信息來源、一大批資深專家和現代化設備的優勢，向政府、企業或個人提供諮詢服務，既滿足客戶需求，又密切了銀行與客戶的聯繫，為銀行擴大經營規模、增強競爭力創造條件。

(二) 有風險的表外業務

根據巴塞爾委員會提出的判斷標準，表外業務可分為廣義和狹義兩種。廣義的表外業務包括所有不在資產負債表中反應的業務，它由中間業務和狹義表外業務構成。狹義的表外業務是指商業銀行從事的按國際會計準則不計入資產負債表內，因而不影響資產負債總額，但能改變銀行損益和營運資金狀況的業務。表外業務在一定條件下會轉變為資產或負債業務，因此，表外業務構成了商業銀行的或有資產和或有負債。商業銀行主要的表外業務有以下幾類：

1. 貿易融通類業務

貿易融通類業務主要有銀行承兌業務與商業信用證業務。

銀行的承兌業務是由銀行為客戶開出的商業匯票提供承兌服務，即承諾兌付。承兌以後，銀行負有不可撤銷的第一手到期付款責任。經銀行承兌後的票據，可貼現流通。匯票到期後，承兌銀行成為票據的第一支付人，承兌行付款後再向客戶收取款項。

銀行提供承兌業務可獲得收入，但其同時也必須承擔客戶的信用風險，一旦客戶支付困難，銀行將無法收回已支付的款項。

商業信用證是國際貿易結算中的重要方式，是指進口商請求當地銀行開出的一種支付保證書，授權出口商所在地的另一家銀行通知出口商，在符合信用證規定的條件下，願意承兌或承購出口商交來的匯票單據。信用證業務實際上就是進出口雙方簽訂合同後，進口商主動請求進口地銀行為自己的付款責任做出的保證。銀行開立信用證既不必占用自有資金，還可以得到開證手續費收入。同時進口商所繳納的押金，在減少墊款風險的同時，也可以為銀行提供一定量的流動資金來源。

2. 金融保證類業務

金融保證類業務主要由備用信用證、貸款承諾、票據發行便利、保函業務以及貸款銷售等構成。

備用信用證是銀行應客戶要求為其開立的信用保證書，屬於一種信用擔保。當客戶與其受益人達成某種協議，表明客戶對受益人負有償付義務，客戶為確保自己的信譽，可要求銀行為其開立備用信用證，保證客戶無力支付時，由銀行代客戶向受益人進行償付，銀行為此支付的款項變成了向客戶的貸款。銀行開立備用信用證，提高了客戶的信譽，銀行據此可收取手續費。備用信用證與商業信用證的不同之處在於，商業信用證業務中銀行承擔的是第一支付人的責任；而在備用信用證業務中，銀行只承擔了支付的連帶責任，只有在客戶無法履行支付義務時，才由銀行代為支付。

貸款承諾是指銀行與借款客戶達成的一種具有法律約束力的正式契約，銀行將在正式的有效期內，按照雙方約定的金額、利率，隨時準備應客戶的要求提供貸款。銀行提供這種承諾的同時，要按一定比例向客戶收取承諾費，即使在規定期限內客戶並未申請貸款，也需交納承諾費。

票據發行便利是指銀行承諾幫助工商企業或政府發放短期票據融資，售不出去的部分將全部由銀行按事先約定的價格買下。銀行賺取承諾費，但同時承擔流動性風險和信貸風險。

保函業務是一種較簡單的擔保業務，銀行為客戶的融資或其他活動出具保函，提供信用擔保，並收取擔保費，一旦客戶到期不能履約支付，銀行具有連帶支付責任。

貸款銷售或資產證券化業務是指銀行將已發放的貸款出售給其他金融機構或投資者的行為。貸款出售後，銀行繼續提供與貸款有關的一些服務，如為貸款購買者收取本息、監督借款人的財務狀況等。貸款銷售包括有追索權的貸款出售和無追索權的貸款出售兩種形式。有追索權的貸款出售，一旦出現借款人無力償還借款的情況，銀行必須承擔對買方還本付息的責任。在無追索權的貸款出售中，銀行則沒有什麼風險，只是將原有貸款從資產負債表轉出，代之以收回的貨幣資金。資產證券化也是貸款銷售的一種方式。證券化就是把流動性較差的小額同質（期限、利率、風險等類似）貸款捆成一個貸款組合，並以這個貸款組合為擔保發行證券，出售給投資者。貸款出售對提高銀行的資本充足率，分散、轉移銀行資產的風險，提高資產的流動性，都具有積極的作用。

3. 金融衍生工具交易業務

金融衍生工具交易業務是目前西方商業銀行中最流行的表外業務。它是指以股票、債券或貨幣等資產的交易為基礎派生出來的金融工具交易，如金融期貨交易、金融期權交易、貨幣互換等。

4. 投資銀行業務

這是指在金融業務自由化，金融業混業經營趨勢日趨明顯的情況下，商業銀行與投資銀行業務交叉，商業銀行承擔了許多投資銀行業務，如證券包銷、企業兼併、資產重組等。

銀行表外業務的不斷發展實際增加了銀行的潛在的風險，《巴塞爾協議》對表外業務的活動做出了比較嚴格的管理規定，即按其風險程度的大小分為五類，並賦予不同的信用轉換系數，以其本金數額乘以不同的信用轉換系數，轉換成同類型的表內項目，再同銀行的資本金進行比較，從而獲得相應的信貸風險等級。

第三節　商業銀行經營原則與管理

一、商業銀行的經營原則

商業銀行是以追求利潤為經營目標，以經營存貸款為其主要業務的金融仲介機構。商業銀行又是一個高負債率、高風險的部門，並且與國民經濟各部門存在著複雜的債權債務關係，商業銀行經營的成敗，不僅關係到自身的生存發展，更影響到社會經濟的正常運轉。因此，國家非常重視對商業銀行的監督管理，商業銀行自身經營也要遵循一些經營原則。一般說來，商業銀行在業務經營活動中必須貫徹安全性、盈利性和流動性原則。

（一）安全性原則

安全性原則，是指商業銀行應當盡量控制風險、避免損失，保證銀行穩健經營。這是商業銀行經營首先要考慮的原則。之所以要堅持安全性原則，其原因主要有兩點：一是因為銀行在經營過程中始終面臨各種風險，如信用風險、利率風險、匯率風險、管理風險、營運風險、道德風險等。如果銀行不能採取有效措施，控制各類風險，則必然會削弱銀行的清償力，危及銀行的聲譽及銀行自身的安全。二是銀行自有資本少，風險承受力弱。銀行主要依靠負債經營，相對於一般工商企業而言，銀行自有資本占其資產的比重很小。在國外，一般工商企業的自有資本約占50%左右，而按照巴塞爾協議，銀行的核心資本只占風險加權資產的4%，這說明銀行的財務槓桿比例較高，風險承受力弱，稍有經營不利發生損失，就會使自有資本耗損殆盡，面臨倒閉風險。因此，堅持安全性原則，力求避免或減少各種風險造成的損害，歷來都是銀行家們所高度重視的事情。

安全性管理要求銀行堅持穩健經營的理念，保持較高的資本充足比率，合理安排資產負債結構，提高資產質量，運用各種法律允許的策略和措施來分散和控制風險，提高銀行抵抗風險的能力。

（二）盈利性原則

盈利性原則，是指商業銀行在穩健經營的前提下，要以實現利潤最大化為經營目

標。堅持盈利性原則要求商業銀行有較強的獲利能力，這是商業銀行經營目標的要求，也是其不斷開拓業務的內在動力。商業銀行的一切經營活動，包括設立分支機構、開發新的金融產品、提供何種金融服務、建立什麼樣的資產組合等均要服從這一目標，這是由商業銀行的企業性質決定的。堅持盈利性原則，對於提高信貸資金運用效率、加強銀行經營管理、改善銀行服務質量、提高銀行競爭力，都具有十分重要的意義。

盈利性管理要求銀行從總體上把握提高收益和控制成本兩方面的工作。具體來說，提高收益應做好以下幾方面的工作：①合理地確定資產結構，提高盈利資產的比重；②提高資產質量，尤其是貸款質量，減少貸款和投資損失；③合理地為貸款定價，除考慮資金成本外，還應綜合考慮與客戶的全面關係、貸款風險等因素；④注重業務創新，積極拓展中間業務和表外業務，增加銀行的非利息收入。控制成本應做好以下幾方面的工作：①控制負債成本；②加強內部經濟核算，控制各項費用；③規範操作程序，減少事故和差錯及其他損失。

（三）流動性原則

流動性原則，是指商業銀行要具有隨時以適當的價格取得可用資金，隨時滿足客戶提取存款和滿足客戶合理的貸款需求的能力。它包括資產的流動性和負債的流動性兩個方面。資產的流動性是指銀行各類資產能隨時得到償付或在不受價值損失的條件下具有迅速變現的能力。負債的流動性是指銀行能以較低的成本隨時獲取資金的能力。流動性是一般財務活動和金融活動共同面臨的問題，而作為商業銀行，研究和掌握流動性要比一般工商企業顯得更為重要。這是因為銀行的資產負債的穩定性較差，面臨的是大量的不確定的客戶，這使銀行特別容易受到流動性的威脅。一旦銀行流動性不足，發生支付危機，將嚴重損害銀行的信譽，影響業務發展並增加經營成本，甚至破產倒閉。同時，借貸活動中的此存彼取，此借彼還，處處涉及流動性問題，流動性是銀行業務功能的具體體現，它在銀行經營管理中至關重要。

流動性管理目標可以通過資產和負債兩種途徑實現：①建立多層次準備資產，以保持資產的流動性。準備資產主要有現金資產和短期有價證券。通常將現金資產（包括庫存現金、在中央銀行存款、同業存款）作為第一準備；短期證券資產作為第二準備。②通過主動型負債和潛力養成法來提高負債的流動性。主動型負債主要指向中央銀行借款、同業拆借、國際金融市場借款、發行金融債券等；為了增強負債的流動性，銀行還可以通過 CI 工程改善形象，搞好公共關係，建立協作網絡，擴大本行知名度等，創造銀行潛在的或無形的流動性能力。在實際運作中，商業銀行是將這兩個方面結合起來，保持合理的資產負債結構，並根據本銀行和金融市場的實際情況，選擇最有利的途徑和方式進行流動性管理。

商業銀行業務經營三原則之間既有聯繫又有矛盾，一般來說，安全性和流動性是統一的，但是他們又跟盈利性是矛盾的。在經營過程中，銀行應該以安全性為前提，以流動性為正常經營的保證，在此基礎上實現盈利性。銀行應做到同時兼顧三原則的要求，力求找到安全性、盈利性和流動性三者之間的最佳組合。

二、商業銀行的管理與巴塞爾協議

西方商業銀行在歷史發展過程中依次經歷了資產管理理論、負債管理理論、資產

負債管理理論三個階段。

(一) 資產管理理論

以商業銀行資產的流動性為重點的傳統管理方法在20世紀60年代以前比較盛行。資產管理理論依次經歷了以下三個發展階段：

1. 商業貸款理論

商業貸款理論是早期的資產管理理論，源於亞當·斯密的《國民財富性質原因的研究》，也稱真實票據理論或生產性貸款理論。其基本觀點是：存款是銀行貸款資金的主要來源，而銀行存款的大多數是活期存款，這種存款隨時可能被提取。為了保證資金的流動性，商業銀行只能發放短期與商業週轉有關的、與生產物資儲備相適應的有償性貸款，而不能發放不動產等長期貸款。這類貸款用於生產和流通過程中的短期資金融通，一般以3個月為限，以商業行為為基礎，以商業票據為憑證，隨著商品週轉的完結而自動清償，因此不會引起通貨膨脹和信用膨脹。

隨著商品經濟和現代銀行業的發展，這一理論的局限性越來越明顯。這主要表現在：第一，不能滿足經濟發展對銀行長期資金的需求，將銀行的資金運用限制在狹窄的範圍內，限制了經濟的發展，也限制了銀行自身的發展；第二，忽視了銀行存款的相對穩定性，使長期負債沒有得到充分利用；第三，忽視短期貸款的風險性，且該理論使銀行的發展受制於經濟週期，銀行的經營同樣存在風險。

2. 資產轉移理論

資產轉移理論也稱可轉換理論，最早由美國的莫爾頓於1918年在《政治經濟學》雜誌上發表的一篇論文中提出。其基本觀點是：為了保持足夠的流動性，商業銀行最好將資金用於購買變現能力強的資產。這類資產一般具有以下條件，即信譽高、期限短、易於出售。根據該理論，銀行持有政府的公債正是最容易出售轉換為現金的盈利資產。正因為如此，這一理論在一段時期內成為商業銀行信貸管理的精神支柱，使得第二次世界大戰後銀行有價證券的持有量超過貸款，同時帶動了證券業的發展。

該理論的缺陷主要表現在以下方面：第一，證券價格受市場波動的影響很大，當銀根緊縮時，資金短缺，證券市場供大於求，銀行難以在不受損失的情況下順利出售證券；第二，當經濟危機發生使證券價格下跌時，銀行大量拋售證券，卻很少有人購買甚至無人購買，這與銀行投資證券以保持資產流動性的初衷相矛盾。

3. 預期收入理論

預期收入理論是第二次世界大戰之後發展起來的理論。第二次世界大戰後美國經濟高速發展，企業設備和生產資料亟須更新改造，中期貸款的需求迅猛增加，貸款投向由商業轉向工業，預期收入理論隨之產生。預期收入理論最早是由美國的普魯克諾於1949年在《定期放款與銀行流動性理論》一書中提出的。其基本思想是：銀行的流動性應著眼於貸款的按期償還或資產的順利變現，而無論是短期商業貸款還是可轉讓資產，其償還或變現能力都以未來收入為基礎。如果某項貸款的未來收入有保證，即使期限長，也可以保證其流動性；反之，即使期限短，也可能出現到期無法償還的情況。

以上三種理論各有側重，但都是為了保持資產的流動性。商業貸款理論強調貸款

的用途；資產轉移理論強調資產的期限和變現性；預期收入理論強調銀行資產投向的選擇。它們之間存在著互補的關係，每一種理論的產生都為銀行資產管理提供一種新思想，促進銀行資產管理理論的不斷完善和發展。

(二) 負債管理理論

負債管理理論是以負債為經營重點來保證流動性和盈利性的經營管理理論。該理論產生於 20 世紀 50 年代末期，盛行於 20 世紀 60 年代。當時世界經濟處於繁榮時期，生產流通不斷擴大，對銀行的貸款需求也不斷增加。在追求利潤最大化的目標下，銀行希望通過多種渠道吸收資金、擴大規模。與此同時，歐洲貨幣市場的興起、通信手段的現代化、存款保險制度的建立，大大地方便了資金的融通，刺激了銀行負債經營的發展，也為負債管理理論的產生創造了條件。

負債管理理論的核心即以借入資金的方式來保證流動性，以積極創造負債的方式來調整負債結構，從而增加資產和收益。這一理論認為銀行保持流動性不需要完全靠建立多層次的流動性儲備資產，一旦有資金需求就可以向外借款，就可通過增加貸款獲利。負債管理理論的發展依次經歷了以下三個階段：

1. 存款理論

存款理論曾經是商業銀行負債的主要正統理論。其基本觀點如下：第一，存款是銀行最主要的資金來源，是銀行資產業務的基礎；第二，銀行在吸收存款過程中是被動的，為保證銀行經營的安全性和穩定性，銀行的資金運用必須以其吸收存款沉澱的餘額為限；第三，存款應當支付利息，作為對存款者放棄流動性的報酬，付出的利息構成銀行的成本。

這一理論的主要特徵在於穩健性和保守性，強調應按照存款的流動性來組織貸款，將安全性原則擺在首位，反對盲目存款和貸款，反對冒險謀取利潤。存款理論的缺陷在於沒有認識到銀行在擴大存款或其他負債方面的能動性，也沒有認識到負債結構、資產結構以及資產負債綜合關係的改善對於保證銀行資產的流動性提高銀行盈利性等方面的作用。

2. 購買理論

購買理論是繼存款理論之後出現的另一種負債，對存款理論做了很大的否定。購買理論的基本觀點如下：第一，商業銀行對存款不是消極被動，而是可以主動出擊，購買外界資金，除一般公眾外，同業金融機構、中央銀行、國際貨幣市場及財政機構等，都可以視為購買對象；第二，商業銀行購買資金的基本目的是為了增強其流動性；第三，商業銀行吸收資金的適宜時機是在通貨膨脹的情況下，此時實際利率較低甚至為負數或實物投資不景氣而金融資產投資較為繁榮，通過刺激信貸規模可以彌補利差下降的銀行利潤。

購買理論產生於西方發達國家經濟滯脹年代，對於促進商業銀行更加主動地吸收資金，刺激信用擴展和經濟增長以及增強商業銀行的競爭能力具有積極的作用。但是該理論的缺陷在於助長了商業銀行片面擴大負債，加重債務危機，導致了銀行業的惡性競爭，加重經濟通貨膨脹的負擔。

3. 銷售理論

銷售理論是產生於20世紀80年代的一種銀行負債管理理論。其基本觀點是：銀行是金融產品的製造企業，銀行負債管理的中心任務就是迎合顧客的需要，努力推銷金融產品，擴大商業銀行的資金來源和收益水準。該理論是金融改革和金融創新的產物，給銀行負債管理注入現代企業的行銷觀點，即圍繞客戶的需要來設計資產類或負債類產品以及金融服務，並通過不斷改善金融產品的銷售方式來完善服務。銷售理論貫穿著市場觀念，反應了20世紀80年代以來金融業和非金融業相互競爭和滲透的情況，標誌著金融機構正朝著多元化和綜合化方向發展。

(三) 資產負債管理理論

資產負債管理理論是指要求商業銀行對資產和負債進行全面管理，而不能只偏重於資產或負債某一方的一種新的管理理論。該理論是在20世紀70年代末80年代初產生的，當時金融管制逐漸放鬆，銀行的業務範圍越來越大，同業競爭加劇，使銀行在安排資金結構和保證獲取盈利方面困難增加，客觀上要求商業銀行進行資產負債綜合管理，由此產生了均衡管理的資產負債管理理論。

在現代商業銀行資產負債管理技術中，主要的管理方法有以下兩種：

1. 缺口管理法

缺口管理法是20世紀70年代以來美國商業銀行資產負債綜合管理中常用的方法。該方法分為兩種：一種為利率敏感性缺口管理方法。該方法下的缺口是指在一個既定時期內利率敏感型資產與利率敏感型負債之間的差額。其基本思路是銀行可以根據利率變動的趨勢，通過擴大或縮小缺口的幅度來調整資產和負債的組合及規模，以達到盈利的最大化。另一種為持續期缺口管理方法。其具體做法是在任何一個既定時期，加權計算資產和負債的平均到期日，資產加權平均到期日減負債加權平均到期日的差額，即為持續期缺口。如該缺口為正，則說明資金運用過多；反之，則資金運用不足，銀行可依據不同的外部環境進行調控。

2. 利差管理法

利差管理法就是要控制利息收入和利息支出的差額，以便適應銀行的經營目標。風險和收益是衡量銀行經營效應的重要標誌，利差的敏感性和波動性決定銀行總的風險與收益。商業銀行管理利差的主要手段如下：第一，增加利差。例如，準確預測利率的變動趨勢，增加盈利資產在總資產中的比重；加強投資的期限結構等。第二，創新金融衍生工具及交易方式，用於利差管理與資產的避險保值，如金融期貨交易、金融期權交易、利率互換等衍生工具。

(四) 巴塞爾協議

1988年，國際清算銀行BIS通過了《關於統一國際銀行資本衡量和資本標準的協議》，規定12個參加國應以國際間可比性及一致性為基礎制定各自的銀行資本標準，將商業銀行的資本應與資產的風險相聯繫。主要內容包括：第一，商業銀行的最低資本由銀行資產結構形成的資產風險所決定，資產風險越大，最低資本額越高。第二，銀行的主要資本是銀行持股人的股本，構成銀行的核心資本。第三，協議簽署國銀行的最低資本限額為銀行風險資產的8%，核心資本不能低於風險資產的4%。第四，國

際間的銀行業競爭應使銀行資本金達到相似的水準。

2004年，巴塞爾委員會對巴塞爾協議的內容進行了修訂和補充，形成了新巴塞爾協議，其主要內容是三大支柱：①最低資本要求。一併將信用風險、市場風險和操作風險納入銀行資本予以考量。②監管約束。允許銀行根據銀行自己估算的各類風險敞口來確定其資本要求，但是，監管機構要進行監管。③市場約束。要求銀行更廣泛地披露其財務狀況或提高財務信息的披露程度。

2010年又頒布了《巴塞爾協議Ⅲ》，其主要內容有：一是修改了合格資本的定義，強調普通股應占主導地位；二是擴大資本覆蓋風險範圍，增加對交易帳戶新增風險、交易對手等風險等的風險覆蓋；三是新增留存超額資本要求、系統重要性附加風險要求、逆週期超額資本要求；四是建立槓桿率標準，增強對銀行表內外資產總規模的資本約束；五是增設流動性覆蓋率與淨穩定融資比率兩項監管指標；六是要求加強銀行公司治理，建立薪酬管理機制。

本章思考題

1. 商業銀行產生的途徑有哪些？
2. 商業銀行的外部組織形式有哪些？
3. 商業銀行的在社會中的職能有哪些？
4. 商業銀行的借入負債有哪些途徑？
5. 信用分析的「6C」原則是什麼？
6. 中間業務和表外業務有什麼聯繫和區別？
7. 商業銀行的中間業務都有哪些？
8. 商業銀行的負債業務有哪些？
9. 商業銀行的資產業務有哪些？
10. 商業銀行資產負債管理技術中主要的管理方法有哪些？

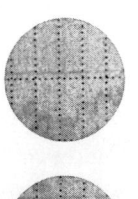

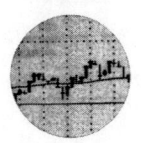

第三章　金融機構

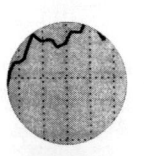

第一節　金融機構的類型

一、金融機構概念

　　金融機構是指在金融市場中從事金融服務業有關的金融仲介機構，是金融市場的重要參與者。金融機構組成金融體系，為金融市場提供金融產品，但是金融市場在經營的過程中具有高風險、高槓桿的特徵，金融風險對經濟的影響巨大。因此，金融監管機構也是金融市場中重要的組成部分，這樣才能保證金融市場良好的運行。

　　在當前世界市場經濟中，金融機構的構成是一個龐大、多樣的大系統，統稱為金融體系，金融體系就是一個國家從事金融活動的組織，按照一定結構所形成的整體。由於金融機構的作用不同，金融體系可以分成兩類：一類是以市場為基礎的金融體系，多為發達國家，如美國；另一類是以銀行為基礎的金融體系，多為經濟不發達國家，如中國、德國。以市場為基礎的金融體系中，證券市場在金融體系中的地位超過了銀行機構，股票市場相對於銀行信貸更加活躍；以銀行為基礎的金融體系中銀行占據著絕對重要的地位，發揮著關鍵性作用。

二、金融機構類型

　　金融機構主要可以分為銀行類、非銀行類機構以及政策性金融機構，其中銀行類金融主要包括中央銀行、商業銀行、專業銀行等，非銀行類金融機構主要有證券公司、保險公司、基金公司、信託公司、金融租賃公司等，政策性金融機構主要是政府參股或者設立的金融機構，主要目的是促進國家產業的發展。

　　（一）銀行類金融機構

　　1. 中央銀行

　　中央銀行是一國金融市場中特殊的金融機構，是一國金融機構體系的核心，處於領導地位，是最高級別的金融管理機構。中央銀行主要的職能是是調控、服務金融市場，很多國家的中央銀行還具有金融監管的職能，這也是中央銀行和商業銀行最大的區別，中央銀行通過貨幣供求的調節對金融市場實行監管調節。從而防止金融市場的動盪不安給社會經濟發展影響，目的是維護金融體系的健全與穩定。

　　中央銀行主要是在金融市場不斷發展的過程中產生的，金融市場的不斷發展導致金融風險加劇，需要一個專門的機構來進行管理，因此便產生了中央銀行。從世界各國中央銀行的形成來看，主要途徑有以下兩點：一是由原有的商業銀行代為行使中央銀行的職能，逐漸成為一國的中央銀行，如英國的英格蘭銀行；二是政府部門直接設立中央銀行，中央銀行成為政府的一個特殊部門。

　　2. 商業銀行

　　商業銀行又稱為存款貨幣銀行，在金融市場活動中，商業銀行主要以存款和貸款業務為主，同時包括一些其他類型的中間業務，將資金的需求方和供給方連接起來，

並為客戶提供很多的中間業務，同時起著創造存款貨幣的作用。商業銀行是中央銀行實施宏觀調控的主要傳導機構。在金融體系中，尤其是在銀行為主導的金融體系中，商業銀行機構數量多，業務廣泛，因此屬於主體地位。商業銀行的主要業務是存貸業務，同時提供多種金融服務，隨著金融市場的不斷發展，商業銀行的業務範圍不斷擴大，開始涉足證券業務、投資銀行業務、保險業務、外匯業務、租賃、信託業務等。

3. 專業銀行

專業銀行是指經營範圍和業務有一定特殊性的銀行。專業銀行是社會分工發展的結果，是社會分工發展在金融領域的體現，專業銀行按服務對象設立的有農業銀行、進出口銀行等；按貸款用途設立的有投資銀行、抵押銀行和貼現銀行等。

（1）按照服務對象設立的專業銀行。農業銀行指向農業提供信貸的銀行，農業生產是一個特殊的產業，易受到自然災害的影響，對資金的需求有一定的季節性，農村地域廣闊、分散，這些因素決定了農業信貸具有風險大、期限長、收益低的特點，因此一般的商業銀行不願開展農業信貸業務。為此，西方國家設立了專門為農業信貸提供資金的專業銀行，這類銀行的資金主要來源於政府的財政撥款，也有的來源於客戶的存款。

儲蓄銀行主要是指為居民辦理儲蓄存款業務的銀行，西方國家的儲蓄銀行有私營的，也有公營的，大多數國家都是公營的。儲蓄銀行的業務受到嚴格約束，儲蓄存款較為穩定，因此可以投資於長期投資，但有些國家嚴格規定投資於政府公債的比例，不過由於規模和業務的快速發展，有些儲蓄銀行也開始參與商業銀行的業務。

（2）按照貸款用途設立的專業銀行。投資銀行指專門針對工商企業辦理有關投資業務的銀行。一般投資銀行不接受存款，資金主要來源於發行股票和債券，也可以從其他金融或其他渠道籌資，但不是主要的來源。投資銀行主要的業務是對工商企業的股票、債券進行投資，為工商企業代發包銷股票和債券，包銷政府的公債券，參與企業併購和其他形式的金融諮詢活動。有些投資銀行還兼營黃金、外匯買賣及租賃業務。

抵押銀行主要以不動產為抵押提供長期貸款的銀行，主要以土地、房屋及其他不動產為抵押。抵押銀行的資金主要來源於發行不動產抵押證券。貸款業務主要有兩大類：一是以土地為抵押的長期貸款；二是以城市不動產為抵押的長期貸款。另外，目前也有一些商業銀行開始經營抵押銀行的業務，這種兼營、融合的發展趨勢是未來發展的趨勢。

貼現銀行是指承辦票據貼現業務的銀行，包括貼現銀行和再貼現銀行。貼現銀行一般為商業銀行；再貼現銀行也可以稱為銀行的銀行，是對貼現公司或貼現銀行承辦貼現業務的銀行。能夠承辦票據再貼現業務的大銀行，通常是各國的中央銀行。

（二）非銀行類金融機構

1. 證券公司

證券公司又稱為券商，是由證券主管機構批准設立並監管的專門從事各種有價證券經營及相關業務的金融企業。其主要業務證券承銷業務、證券自營業務、證券經紀業務、諮詢服務業務等。在證券市場中，證券公司是重要的參與者，使證券市場交易更加便捷，從而使投資和籌資雙方達到各自的融資目的。

2. 保險公司

保險公司是專門經營各種保險業務、提供保險保障的非銀行金融機構。保險公司的資金來源有投保人繳納保費、投資政府債券、企業債券和股票，發放不動產抵押貸款或保單貸款，主要對投保人所發生的意外災害和事故予以經濟補償，是一種以經濟補償為特徵的特殊信用融資方式。在市場經濟發達國家，保險業也十分發達，保險公司的種類和數量也很多，發展速度快，各類保險公司是各國最重要的非銀行金融機構。

3. 其他類型的非銀行類金融機構

信託公司是接受客戶的委託，根據客戶的需要，為客戶管理、經營金融資產、經營信託業務的金融機構。金融租賃公司是專門經營租賃業務的金融機構，它通過融物的形式達到融通資金的目的。財務公司是經營部分銀行業務的非銀行金融機構。信用合作社是一種互助合作性金融組織，在發達的市場經濟國家普遍存在。養老金或退休基金是一種向參加養老計劃者以年金形式提供養老金的專門金融組織。投資基金是一種以投資證券為主體的投資信託。

除此之外，非銀行金融機構還有金融資產管理公司、汽車金融公司、貨幣經紀公司及郵政儲蓄機構等。

（三）政策性金融機構

政策性金融機構是指那些由政府或政府機構發起、出資創立、參股或保證的，不以利潤最大化為經營目的，在特定的業務領域內從事政策性融資活動，以貫徹和配合政府的社會經濟政策或意圖的金融機構。

政策性金融機構主要是針對經濟建設欠發達的國家，不能滿足基礎設施建設和戰略性資源開發所需的巨額、長期投資需求，對於經濟發展的薄弱部門和行業需要重點扶持或強力推進，通過最需要設立政策性金融機構對經濟開發、農業發展、進出口、住房等方面進行資金的支持。

第二節　中國金融機構

一、中國金融機構的變遷

在兩千多年的歷史長河中，中國古代的金融經濟發展水準，曾經居於當時世界的前列。

（一）新中國成立之前的金融機構發展

早在周朝時期中國就出現了從事貨幣信用業務的金融機構。唐朝經濟發展較快，金融業發展迅速，出現了兼營銀錢的機構，如質庫。宋朝專營銀錢交易的錢館、錢鋪，明朝的錢莊、錢肆，清朝的票號和匯票莊等。雖然這時金融業有了快速的發展，但是封建社會時期金融機構還沒有形成完整的體系，也沒有專門的監管機構。

中國出現真正意義上的銀行是在近代外國資本主義入侵之後。1845年，英國麗如銀行在香港、上海設立分行。隨後英、美、法、俄、日等國家爭相來華設立銀行，但是，中國第一家民族資本銀行——中國通商銀行於1897年在上海設立。

民國時期，形成了「四行二局一庫」的金融體系。「四行」是指中央銀行、中國

銀行、交通銀行和中國農業銀行；「二局」是指郵政儲金匯業局和中央信託局；「一庫」就是中央合作金庫。當時的金融機構都掌握在國民黨政府和四大家族手中。還有一些地方政府辦的錢莊、信託公司、保險公司、證券行、證券交易所和票據交換所等非銀行金融機構。

中國共產黨領導下的革命根據地和解放區相繼建立了陝甘寧邊區銀行、晉察冀邊區銀行、西北農民銀行、北海銀行、華北銀行、華中銀行、中州農民銀行、南方人民銀行、長城銀行、內蒙古銀行、關東銀行、東北銀行等金融機構，同時發行了自己的貨幣。其中，華北銀行、西北農民銀行、北海銀行為中國人民銀行的前身。

(二) 新中國金融機構體系的建立與發展

1. 初步建立階段（1948—1953年）

1948年12月由華北銀行、西北農民銀行、北海銀行組建成立了中國人民銀行，中國人民銀行為新中國成立初期的金融機構體系的核心，原來各解放區的銀行逐步改組為中國人民銀行的分支機構，形成了大區分行體制，劃分為西北區行、東北區行、華東區行、華北區行、中南區行、西南區行六大區行。到1953年，中國已基本形成了以中國人民銀行為核心和骨幹、少數專業銀行和其他金融機構為輔助與補充的新中國金融機構體系。

2. 逐步發展階段（1953—1978年）

1953年中國開始實施經濟建設第一個五年計劃，建立了高度集中統一的計劃經濟體制。金融體系作為整個經濟體制的一個重要組成部分，也形成了「大一統」的格局。這一時期成立的中國農業銀行成為中國人民銀行在農村的基層機構，交通銀行改建為中國人民建設銀行，其任務是在財政部領導下專門對基本建設的財政撥款進行管理和監督，實際上並不經營存、貸款業務，因而成為財政部下屬機構，政府部門接管中國銀行。另外，1949年成立的中國人民保險公司最初隸屬於中國人民銀行，1952年劃歸財政部，1959年又轉交中國人民銀行國外局。

1953—1978年，金融機構的發展隨著計劃經濟的實施，逐步走向了中國人民銀行「大一統」的道路，幾乎所有的金融業務都有中國人民銀行壟斷，從機構設置來看，中國人民銀行成為中國唯一的銀行，經營金融監管、信貸、貨幣發行等業務，甚至保險業務都由中國人民銀行直接或者間接參與。

3. 改革發展初期（1979—1993年）

這一時期金融機構進行改革的主要原因是十一屆三中全會以來黨中央把全黨工作的重點轉移到經濟建設上來，對經濟體制進行了改革。在金融機構改革中，中國人民銀行業務被拆分。1979年3月，中國農業銀行重新恢復成立，中國銀行從中國人民銀行中分離出去，作為國家指定的外匯專業銀行，統一經營和集中管理全國的外匯業務，同時國家設立外匯管理局。

1983年9月，國務院頒布《關於中國人民銀行專門行使中央銀行職能的決定》，中央銀行制度框架初步確立，《關於中國人民銀行專門行使中央銀行職能的決定》同時規定：成立中國工商銀行，承辦原來由人民銀行辦理的工商信貸和儲蓄業務。

1984年1月，中國人民銀行不再辦理針對企業和個人的信貸業務，專門行使中央

銀行的職能。1986年以後，又增設了交通銀行、中信實業銀行這樣的綜合性銀行，以及廣東發展銀行、招商銀行、興業銀行等區域性銀行。同時，非銀行金融機構發展迅速，1979年10月，第一家信託投資公司——中國國際信託投資公司成立，揭開了信託業發展的序幕。另外設立了中國人民保險公司、城市信用社和農村信用社等。經過幾年的改革，中國建立起了以中國人民銀行為核心、專業銀行為主體、其他金融機構並存的新的金融機構體系。多元化的金融機構體系，合理的分工，打破了「大一統」的格局，這樣更能促進經濟的發展。

  4. 快速發展階段（1994年至今）

  1994年，為適應社會主義市場經濟體制的需要，更好地發展金融在國民經濟中宏觀調控和優化資源配置的作用，國務院決定改革現行金融體制。逐步形成了以中央銀行為領導核心地位，商業銀行為主體，非銀行金融機構同時發展的格局。

  （1）建立中國的商業銀行體系，將銀行的政策性業務分離。通過建立國家開發銀行、中國農業發展銀行、中國進出口銀行三家政策性銀行，將各專業銀行原有的政策性業務與經營性業務分開。商業銀行體系形成了包括國有獨資商業銀行和其他商業銀行，其中，光大銀行、中信銀行、招商銀行、華夏銀行完成了股份制改造，1996年1月第一家由非公有制企業入股的全國性股份制商業銀行——民生銀行在北京成立。1998年後，城市合作銀行陸續更名為城市商業銀行，1998年7月，北京城市合作銀行更名為北京商業銀行，同年10月，原上海城市合作銀行更名為上海銀行。

  （2）非銀行金融機構發展迅猛，以農村信用社為代表的合作金融機構獲得了恢復和發展。農村信用合作社從中國人民銀行業務中剝離，業務範圍擴大，全國各地成立的分支機構越來越多。1994年之前成立的保險公司、信託公司，在1994年之後發展迅速，各省市相繼成立了一大批地方性的信託投資公司和國際信託投資公司。1992年，中國證券監督管理委員會正式成立，1998年11月，中國保險監督管理委員會成立。2003年3月，中國銀行業監督管理委員會成立，證券行業和保險行業的監督從中國人民銀行中剝離。從此對非銀行機構的監管越來越嚴格，一方面促進了金融行業的發展，另外一方面避免了金融風險的產生。

  （3）境外金融機構數量不斷增多。中國的境外金融機構數量不斷增多，第一家海外銀行於1979年在北京開設辦事機構，境外金融機構的設立地點從香港特區和沿海大中城市向內地大中城市擴散。1996年，中國開始向外資銀行有限度地開放人民幣業務。同時，中國商業銀行和保險公司在境外設立的金融機構也不斷增加。

二、中國金融機構的現狀

  經過40年改革發展，中國形成了以中央銀行為核心、商業銀行為主體、政策性銀行為產業導向、多種金融機構並存的金融體系（見表3-1）。

表 3-1　　　　　　　　　　　　中國金融機構體系

銀行類金融機構	中央銀行	中國人民銀行
	商業銀行	國有控股商業銀行
		股份制商業銀行
		外資商業銀行
		中國郵政儲蓄銀行
		城市商業銀行
		村鎮銀行
		農村商業銀行
		農村合作銀行
		民營銀行
	政策性金融機構	國家開發銀行
		中國進出口銀行
		中國農業發展銀行
非銀行金融機構	證券公司	經紀類證券公司
		綜合類證券公司
	保險公司	人壽保險公司
		財產保險公司
		再保險公司
		保險仲介公司
	信託投資公司	-
	基金管理公司	-
	金融資產管理公司	中國華融資產管理公司
		中國東方資產管理公司
		中國信達資產管理公司
		中國長城資產管理公司
	企業集團財務公司	-
	金融租賃公司	-
	汽車金融公司	-
	消費金融公司	-
	貨幣經紀公司	-
	農村金融機構	農村信用合作社
		貸款公司
		農村資金互助社
金融監管機構	中國證券監督管理委員會	-
	中國銀行保險監督管理委員會	-

(一) 中國人民銀行

1983年9月，中國人民銀行剝離商業銀行業務，專門行使中央銀行職能。1995年3月，第八屆全國人民代表大會第三次會議通過《中華人民共和國中國人民銀行法》，

就中國人民銀行的設立、職能等以立法形式進行了界定。中國人民銀行在國務院的領導下，制定和執行貨幣政策，防範和化解金融風險，維護金融穩定。

中國人民銀行上海總部於 2005 年 8 月 10 日正式成立，設立了 16 個直屬機構，並在全國設有眾多的分支機構。中國人民銀行的分支機構根據中國人民銀行的授權，負責維護本轄區的金融穩定，承辦有關業務，貫徹實施貨幣政策，管理貨幣市場，經理國家金庫和代理發行政府債券，開展現金發行和調撥工作，加強外匯管理工作，適應外匯體制改革。在總行和分支機構之間，銀行業務和人事幹部實行垂直領導、統一管理，地方政府需保證和監督中國人民銀行貫徹執行國家的方針政策，但是不能幹預。

（二）商業銀行

中國的商業銀行體系類型有國有商業銀行、股份制商業銀行、郵政儲蓄銀行、城市商業銀行、農村商業銀行、民營銀行等。其中，國有商業銀行有中國工商銀行、中國農業銀行、中國銀行、中國建設銀行、交通銀行。2007 年 3 月 20 日正式掛牌成立的中國郵政儲蓄銀行是中國第五大銀行，是在改革郵政儲蓄管理體制的基礎上組建的國有商業銀行，中國郵政儲蓄銀行承繼原國家郵政局、中國郵政集團公司經營的郵政金融業務及因此而形成的資產和負債，並將繼續從事原經營範圍和業務許可文件批准、核准的業務。1986 年以後建立的交通銀行、中信實業銀行、招商銀行、華夏銀行、光大銀行、民生銀行、廣東發展銀行、興業銀行、深圳發展銀行、上海浦東發展銀行屬於股份制商業銀行。

城市商業銀行和農村商業銀行是由以前的信用合作社發展起來的，主要為地方經濟和農村經濟發展提供信貸業務。經濟發展之後，私人資本也變得豐富，目前，國內設立了 7 家民營銀行。另外，眾多的外資銀行也是中國商業銀行體系的組成部分。

根據《中華人民共和國商業銀行法》的規定，商業銀行在中國境內不得從事信託投資和股票業務，不得投資於非自用不動產，不得向非銀行金融機構和企業投資。

（三）政策性金融機構

1994 年，為適應建立社會主義市場經濟體制的需要，中國先後組建了國家開發銀行、中國進出口銀行和中國農業發展銀行三家政策性銀行。

1. 國家開發銀行

國家開發銀行成立於 1994 年，是由中國國務院直接領導的政策性金融機構。2008 年 12 月改制為國家開發銀行股份有限公司。2015 年 3 月，國務院明確國家開發銀行定位為開發性金融機構。國家開發銀行是全球最大的開發性金融機構，中國最大的對外投融資合作銀行、中長期信貸銀行和債券銀行。

國家開發銀行主要通過開展中長期信貸與投資等金融業務，為國民經濟重大中長期發展戰略服務。國家開發銀行目前在中國內地設有 37 家一級分行和 3 家二級分行，境外設有香港分行和開羅、莫斯科、里約熱內盧、加拉加斯、倫敦、萬象等 6 家代表處。旗下擁有國開金融、國開證券、國銀租賃、中非基金和國開發展基金等子公司。

2. 中國農業發展銀行

中國農業發展銀行成立於 1994 年，註冊資本 570 億元，是國務院直屬機構，是中國唯一一家農業政策性銀行。其主要任務是以國家信用為基礎，以市場為依託，籌集

支農資金,支持「三農」事業發展,發揮國家戰略支撐作用。經營宗旨是緊緊圍繞服務國家戰略、建設定位明確、功能突出、業務清晰、資本充足、治理規範、內控嚴密、營運安全、服務良好、具備可持續發展能力的農業政策性銀行。目前,全系統共有31個省級分行、339個二級分行和1,816個縣域營業機構,服務網絡遍布中國。

3. 中國進出口銀行

中國進出口銀行是由國家出資設立、支持中國對外經濟貿易投資發展與國際經濟合作、具有獨立法人地位的國有政策性銀行。中國進出口銀行也是國務院直屬機構,其依託國家信用支持,積極發揮在穩增長、調結構、支持外貿發展、實施「走出去」戰略等方面的重要作用,加大對重點領域和薄弱環節的支持力度,促進經濟社會持續健康發展。截至2016年年末,中國進出口銀行已在國內設有29家營業性分支機構和香港代表處;在海外設有巴黎分行、東非南非代表處、聖彼得堡代表處、西北非代表處。中國進出口銀行的經營宗旨是緊緊圍繞服務國家戰略、建設定位明確、業務清晰、功能突出、資本充足、治理規範、內控嚴密、營運安全、服務良好、具備可持續發展能力的政策性銀行。中國進出口銀行支持領域主要包括外經貿發展和跨境投資,「一帶一路」建設、國際產能和裝備製造合作,科技、文化以及中小企業「走出去」和開放型經濟建設等。

(四) 非銀行金融機構

1. 保險公司

改革開放以來,中國保險業發展迅速。1980年以後,中國人民保險公司逐步恢復了停辦多年的國內保險業務,成為保險行業的獨家企業。1996年9月,中國人民保險公司改建為中國人民保險集團公司,簡稱中保集團。中保集團直接對國務院負責,中國人民銀行負責對中保集團的業務領導、監督和管理。

1998年10月,中國人民保險集團公司宣告撤銷,其下屬的三個子公司成為三家獨立的國有保險公司——中國財產保險有限公司、中國人壽保險有限公司、中國再保險公司。其中海外業務全部劃歸香港中國保險(集團)有限公司管理。

此外,中國太平洋保險公司、中國平安保險公司、華泰財產保險公司、泰康人壽保險公司等多家公司加入保險系統。1998年11月,中國保險監督管理委員會成立,對保險業進行監管。

保險公司的業務主要有財產保險業務和人身保險業務。保費是保險公司資金的主要來源,保費除了用於理賠給付外,保險資金的運用渠道也在不斷拓寬,可以投資政府債券、金融債券、股票市場以及間接投資基礎設施建設等。

2. 證券公司

目前,中國設立的證券公司有125家,但是規模大小不一,業務的開展程度也不一樣,當前,中國規模較大的證券公司主要有申銀萬國證券公司、華夏證券公司、國泰君安證券公司和中信證券公司等。1999年7月1日公布實施的《中華人民共和國證券法》規定,國家對證券公司實行分類管理,分為綜合類證券公司和經紀類證券公司。綜合類證券公司經營的業務範圍是證券經紀業務、證券自營業務、證券承銷業務和國務院證券監管委員會規定的其他證券業務;經紀類證券公司只允許專門從事證券經

紀業務。綜合類證券公司將逐漸向投資銀行靠攏。

3. 信託投資公司

信託投資公司是以受託人身分經營信託投資業務的金融機構。中國第一家信託公司於 1979 年成立。由於國家對信託投資機構管理比較鬆，各類信託投資機構數量多達 800 家，機構發展面太寬，帶來了很大的金融風險，1989 年 9 月，中國人民銀行收回了對信託投資機構的審批權，並對已設立的信託投資機構進行了清理整頓。中國信託投資公司在經歷了五次大規模的整頓後重新註冊登記，目前信託投資公司是在「一法兩規」（《中華人民共和國信託法》《信託投資公司管理辦法》《信託投資公司資金信託管理暫行辦法》）的框架下開展業務，信託公司的業務越來越廣泛。

4. 金融租賃公司

1981 年，中國為了引進外資，便以中外合資企業的形式成立了最早的租賃公司。之後有了快速發展階段，到 1997 年，經原中國人民銀行批准的金融租賃公司共 16 家。近 20 年來中國租賃業有了長足的發展，目前，經過增資擴股後正常經營的金融租賃公司有 18 家，它們主要從事公交、城建、醫療、航空、IT 等產業。未來中國的經濟將進入快速發展時期，國家將會加大在能源交通和基礎設施方面的投資，中國企業急需產業更新和技術改造，而發達國家的成功經驗已經證明了租賃是解決這些需求的最有效途徑。今後市場的巨大需求是租賃業務發展的最好時機。

5. 企業集團財務公司

企業集團財務公司是由企業集團組建的非銀行金融機構，1987 年，中國第一家企業集團財務公司在深圳經濟特區建立。財務公司主要是為集團內部成員提供金融服務，一般不得在企業集團外部吸收存款，業務上受中國人民銀行領導和管理。為了規範和促進財務公司的發展，1994 年，中國財務公司協會經中國人民銀行批准成立，在中國境內由中國銀行業監督管理委員會批准設立的企業集團財務公司均可自願申請加入中國財務公司協會。

6. 金融資產管理公司

金融資產管理公司是由國家出資組建的專門處理銀行不良資產的非銀行金融機構，1999 年，中國相繼設立了 4 家金融資產管理公司，即中國華融資產管理公司、中國長城資產管理公司、中國信達資產管理公司和中國東方資產管理公司，主要是以收購、管理和處置中國工商銀行、中國農業銀行、中國銀行、中國建設銀行和國家開發銀行剝離出來的不良資產，最大限度保全資產，提高銀行業不良資產回收價值。

中國的金融資產管理公司涉及銀行業務的由中國銀行保險監督管理委員會監管，涉及證券業務的由中國證券監督管理委員會負責監管，財政部負責財務監管。

7. 農村金融機構

中國農村金融機構已經形成了農村信用合作社、農村合作銀行、農村商業銀行、村鎮銀行等新型的農村金融機構，數量越來越多，覆蓋面越來越廣。農村信用合作社屬於計劃經濟體制下的農村集體金融組織，於 20 世紀 50 年代中期農村信用合作社在農村逐漸組建起來，主要原則是為社員服務，主要向農村個人儲蓄以及農戶貸款提供服務。2003 年，中國開始對農村金融機構進行改革，產生了農村合作銀行和農村商業

銀行，這兩類金融機構都是由農村信用合作社改制而來的，截至2016年4月，農村商業銀行的數量占農村合作金融機構的比例已達44.4%。

隨著金融市場的快速發展，中國的非銀行金融機構類型越來越豐富，覆蓋面越來越廣，除了上述的類型外，還有基金投資公司、金融租賃公司、汽車金融公司、貨幣經紀公司等，不同類型的金融機構為金融市場的發展帶來了新的血液。

(五) 金融監管機構

2018年3月，根據第十三屆全國人民代表大會第一次會議批准的國務院機構改革方案，設立了中國銀行保險監督管理委員會，由此金融行業的監管機構由「一行三會」變成了「一行兩會」。「一行」指中國人民銀行，「兩會」是指中國證券監督管理委員會和中國銀行保險監督管理委員會。

1. 中國證券監督管理委員會

中國證券監督管理委員會於1992年成立，是國務院直屬正部級事業單位，依照法律、法規和國務院授權，統一監督管理全國證券期貨市場，維護證券期貨市場秩序，保障其合法運行。中國證券監督管理委員會的成立標誌著中國證券市場同意監管體制開始形成。

中國證券監督管理委員會的主要職責有：①建立統一的證券期貨監管體系，對證券期貨監管機構實行垂直管理，管理證券期貨交易所；②負責組織擬訂有關證券市場、期貨市場的法律、法規草案，依法對證券期貨違法行為進行調查、處罰；③監督股票、可轉換債券、期貨等的發行、交易、託管和清算，批准企業債券的上市；④國務院交辦的其他事項。

2. 中國銀行保險監督管理委員會

2018年3月13日，根據國務院總理李克強提請第十三屆全國人民代表大會第一次會議審議的國務院機構改革方案的議案，擬組建中國銀行保險監督管理委員會。2018年3月，將中國銀行業監督管理委員會和中國保險監督管理委員會的職責整合，組建中國銀行保險監督管理委員會。2018年4月8日上午，中國銀行保險監督管理委員會（以下簡稱「銀保監會」）正式掛牌。2018年8月，為了推動已宣布的擴大銀行業開放舉措盡快落地，銀保監會發布《中國銀行保險監督管理委員會關於廢止和修改部分規章的決定》，取消中資銀行和金融資產管理公司外資持股比例限制，實施內外資一致的股權投資比例規則，持續推進外資投資便利化。中國銀行保險監督管理委員會的主要職責是：依照法律法規統一監督管理銀行業和保險業，維護銀行業和保險業合法、穩健運行，防範和化解金融風險，保護金融消費者合法權益，維護金融穩定。與此同時，將之前的銀監會和保監會擬訂銀行業、保險業重要法律法規草案和審慎監管基本制度的職責劃入中國人民銀行。

第三節　國際金融機構和多邊金融機構

一、世界銀行集團

1944年7月布雷頓森林會議上通過的《國際復興開發銀行協定》中提到應該建立

政府間的國際金融機構，世界銀行集團就是根據此協議成立的，世界銀行集團成立於1945年12月，目前是世界上最大的國際金融機構。

(一) 世界銀行的建立

世界銀行又稱國際復興開發銀行，於1945年12月正式成立，1946年6月開始營業，總部設在美國華盛頓，目前有會員國184個。世界銀行和國際貨幣基金組織都屬於聯合國的專門機構，是密切聯繫和相互配合的國際性金融機構。聯合國規定：凡是加入世界銀行的國家，必須加入國際貨幣基金組織，但加入國際貨幣基金組織的不一定加入世界銀行。

(二) 世界銀行的業務活動

世界銀行集團包括世界銀行、國際金融公司、國際開發協會、多邊投資擔保機構和國際投資爭端解決中心五個機構，每一個機構的業務活動如表3-2所示。

表3-2　　　　　　　　　世界銀行五大機構業務活動

組織機構	業務
國際復興開發銀行	向中等收入國家政府和信譽良好的低收入國家政府提供貸款
國際金融公司	為企業和政府提供諮詢服務，幫助發展中國家實現可持續增長
國際開發協會	向最貧困國家的政府提供無息貸款（也稱信貸）和贈款
多邊投資擔保機構	促進發展中國家的外國直接投資，以支持經濟增長、減少貧困和改善人民生活
國際投資爭端解決中心	對國際投資爭端的調解和仲裁機制

(三) 世界銀行的宗旨

世界銀行的服務宗旨是：

(1) 通過對生產事業的投資，協助成員國經濟的復興與建設，鼓勵不發達國家對資源的開發；

(2) 通過擔保或參加私人貸款及其他私人投資的方式，促進私人對外投資；當成員國不能在合理條件下獲得私人資本時，可運用該行自有資本或籌集的資金來補充私人投資的不足；

(3) 鼓勵國際投資，協助成員國提高生產能力，促進成員國國際貿易的平衡發展和國際收支狀況的改善；

(4) 在提供貸款保證時，應與其他方面的國際貸款配合；

(5) 向發展中國家提供中長期貸款與投資，促進發展中國家經濟和社會發展；

(6) 縮小發展中國家與發達國家的經濟差距，支持發展中國家政府建造學校和醫院、供水供電、防病治病和保護環境。

(四) 世界銀行的組織機構

世界銀行的組織機構與國際貨幣基金組織相似，也有理事會和執行董事會。

1. 理事會

理事會是世界銀行的最高權力機構，理事會的主要職責是：批准接納新會員國；增加或減少世界銀行資本；停止會員國的資格；決定世界銀行淨利潤的分配以及其他

重大問題。除此之外，理事會的權利還有：

（1）接受成員國和中止成員國資格；
（2）增加或減少核定股本；
（3）決定世界銀行淨收入的分配；
（4）決定執行董事根據《協議條款》中的詮釋提出的申訴；
（5）做出同其他國際組織合作的正式和全面安排；
（6）終止世界銀行業務；
（7）增加當選執行董事人數；
（8）審批《協議條款》修正案。

2. 執行董事會

執行董事會是負責辦理世界銀行日常業務的機構，目前世界銀行有 25 名常駐華盛頓的執行董事，6 名常任董事由美國、日本、中國、英國、法國委派。執行董事會選舉一人為行長，行長沒有投票權，只有在董事會表決中票數雙方相等時，行長才投下決定性的一票。執行董事會的主要職責是：調整世界銀行政策；決定行長提出的貸款建議；向理事會提出財務統計報告、行政預算、世界銀行業務和政策年報；向理事會提交需要審議的其他事項等。

（五）世界銀行的資金來源

世界銀行的資金來源主要有：會員國繳納的股金；發行債券和收取貸款利息，同時經濟發達的地區對世界銀行也有捐款。其中國際開發協會每 3 年補充一次資金，有近 40 個國家捐款。捐款國不僅有發達國家，也有發展中國家，其中有些國家曾一度是國際開發協會的借款國。

1. 會員國繳納的股金

世界銀行的成員國都必須認繳一定數額的股金才能加入，每個國家繳納的股金依據該國的經濟、財政力量，權利的分配也按認股的多少來進行。其中基本投票權 250 票，每認繳股金 10 萬美元加 1 票，如此加總計算，美國持股最多，享有最大的表決權。

2. 發行債券和收取貸款利息

國際金融市場的借款是世界銀行最主要的資金來源，主要是通過向成員國政府、機構或者中央銀行發行中短期債券，債券的發行主要是通過投資銀行、商業銀行採取包銷的模式，債券的發行期限 2 年到 25 年不等，發售對象為養老基金、保險機構、公司、其他銀行及個人。利率隨著金融市場行情的變化而變化，一般來講，世界銀行發行的債券利率比國家債券和公司債券低，主要原因是世界銀行的信用等級高。

另外，世界銀行還能將已有的資金帶給資金短缺的企業或者政府機構，對方支付一定的利息，貸款的還款期為 15~20 年，在開始償還本金前有 3~5 年的寬限期。

二、國際貨幣基金組織

（一）國際貨幣基金組織概況

國際貨幣基金組織（International Monetary Fund，簡稱 IMF）於 1945 年 12 月 31 日

在華盛頓正式成立，1947 年 3 月正式營業，同年 11 月 15 日成為聯合國的一個專門機構。國際貨幣基金組織總部設在美國華盛頓。國際貨幣基金組織與世界銀行並列為世界兩大金融機構。

(二) 服務宗旨

國際貨幣基金組織的服務宗旨是通過一個常設機構來促進國際貨幣合作，為國際貨幣問題的磋商和協作提供方法。

國際貨幣基金組織的服務內容：通過國際貿易的擴大和平衡發展，把促進和保持成員國的就業、提高其生產資源的發展、提升其實際收入的高水準，作為經濟政策的首要目標；穩定國際匯率，在成員國之間保持有秩序的匯價安排，避免競爭性的匯價貶值；協助成員國建立經常性交易的多邊支付制度，消除妨礙世界貿易的外匯管制；向成員國臨時提供普通資金，使其有信心利用此機會糾正國際收支的失調，而不採取危害本國或國際繁榮的措施；按照以上服務內容，能縮短成員國國際收支不平衡的時間，減輕不平衡的程度等。

(三) 組織機構

國際貨幣基金組織的組織結構由理事會、執行董事會、總裁和臨時委員會等組成。

1. 理事會

理事會是國際貨幣基金組織的最高權力機構，理事會成員主要有理事和副理事組成，理事通常由成員國的財政部長或者中央銀行擔任，一般任期是 5 年，副理事主要由各國的外匯管理機構負責人擔任。理事會每年 9 月舉行一次會議，各理事會單獨行使本國的投票權（各國投票權的大小由其所繳基金份額的多少決定），一般同世界銀行理事會年會聯合舉行。理事會的主要職責有：批准接納新的成員國；批准 IMF 的份額規模與特別提款權的分配；批准成員國貨幣平價的普遍調查；決定成員國退出 IMF；討論有關國際貨幣制度的重大問題。

2. 執行董事會

執行董事會是負責處理日常業務工作的常設機構，由 24 名執行董事組成，任期兩年。其中執行董事由持有基金份額最多的 5 個成員國（美國、英國、德國、法國、日本）各派一名，然後中國、俄羅斯與沙特阿拉伯再各派一名。選派董事由其他成員國按選區輪流選派。執行董事會推選總裁 1 人，作為國際貨幣基金組織的最高行政領導人，並兼任執行董事會主席。執行董事會的職責有：接受理事會委託處理政策和行政事務，向理事會提交年度報告，對成員國經濟方面和有關國際金融方面的重大問題進行全面研究。執行董事會每星期至少召開三次正式會議，履行《國際貨幣基金協定》指定的和理事會賦予它的職權。

3. 總裁

國際貨幣基金組織的總裁是最高行政長官，總裁負責管理國際貨幣基金組織的日常事務，總裁由執行董事會推選，並兼任執行董事會主席，任期 5 年。理事會和執行董事會會議總裁可以出席，但平時沒有投票權，只有在執行董事會表決雙方票數相等時，才可以投決定性的一票。

4. 臨時委員會

1974 年 10 月成立的臨時委員會是國際貨幣基金組織的重要決策機構，由 22 名執行董事相對應的成員國選派理事或者同等級的人員組成。臨時委員會的主要職能是就一些全球經濟重大問題向理事會做出報告或提議，處理國際貨幣制度形成的威脅等。臨時委員會每年舉行兩次會議，臨時委員會做出的決定就等於理事會的決定。

(四) 資金來源

1. 會員國繳納的基金份額

會員國繳納的基金份額是國際貨幣基金組織最主要的資金來源。基金份額是每一個成員國加入國際貨幣基金組織時認繳的款項。基金份額的規模主要是根據成員國經濟發展狀況，國民收入、黃金、外匯儲備來決定。繳納基金份額的形式其中 25% 是特別提款權或者可自由兌換的貨幣繳納，剩下的 75% 可由各國成員國的本國貨幣繳納，可以存放在成員國的中央銀行，有需要時可以隨時動用。成員國份額的多少是決定成員國投票權和借款權的主要因素，美國成員國有 250 張基本票，份額中每認繳 10 萬特別提款權可增加 1 票，認繳的份額越多，投票的權利也就越大。

2. 借款

借款是國際貨幣基金組織向成員國借入的資金，借款必須再與成員國協議的前提下實現，可以向成員國爭取借款，也可以向私人機構借款。借款的主要形式有：①借款總安排；②補充資金貸款借款安排；③擴大資金貸款安排；④新借款安排。借款屬於補充資金。

3. 信託基金

國際貨幣基金組織於 1976 年 1 月決定將其持有黃金的 1/6（約合 2,500 萬盎司）出售，以所獲得的溢價利潤和會員國捐款作為信託基金，向低收入的會員國提供優惠貸款。

三、國際清算銀行

第一次世界大戰結束之後，為了處理德國的戰爭賠款以及國際之間債務的清算與清償事項，在 1930 年 2 月，由英國、法國、德國、義大利、瑞士、比利時和日本等國的中央銀行以及代表美國銀行業利益的摩根銀行、紐約花旗銀行和芝加哥花旗銀行共同成立了國際清算銀行。國際清算銀行開創資本為 5 億金法郎，分為 20 萬股，每股 2,500 金法郎，總部在瑞士巴塞爾。第二次世界大戰之後，國際清算銀行開始在國際清算中充當受託人或代理人，為國際金融活動尤其是各國中央銀行的合作提供便利。國際清算銀行逐漸演變成中央銀行的銀行，不再是政府間的金融決策結構，也不是國際發展援助機構。國際清算銀行的成員主要是各國的中央銀行或者貨幣管理局。

(一) 國際清算銀行的業務

國際清算銀行也可以稱為中央銀行的銀行，國際清算銀行主要的服務宗旨是促進各國中央銀行在國際清算之間的合作，並向其提供更多的國際金融業務的便利，以促進國際金融穩定。國際清算銀行在國際清算業務方面充當受託人或代理人。根據國際清算銀行的章程的規定，其有權進行下列業務活動：

1. 處理國際清算事務

第二次世界大戰後，國際清算銀行承擔著大量的國際結算業務。尤其是在各國中央銀行之間的結算業務，為中央銀行提供貸款或者接受他們的貸款，辦理、收買、出售期票；接受各成員國中央銀行往來資金和存款。

2. 辦理或代理有關銀行業務

國際清算銀行為各國中央銀行辦理或代理有關銀行業務，中央銀行可以在國際清算銀行存放黃金儲備或貨幣存款，儲備是免費的，還可以獲得相應的利息，也可以用作抵押，從國際清算銀行取得黃金價值85%的現匯貸款。同時，國際清算銀行還代各國中央銀行辦理黃金購銷業務，並負責保密。

第二次世界大戰後，國際清算銀行也成為國際組織的收付代理人，如歐洲經濟合作組織、黃金總庫等，充當國際機構的金融代理，如萬國郵聯、國際紅十字會等。

3. 定期舉辦中央銀行行長會議

國際清算銀行每月舉行一次中央銀行行長的會議，會議在每月的第一個週末在巴塞爾舉行，商討有關國際金融問題，協調有關國家的金融政策，促進和擴大各國中央銀行的合作。國際清算銀行積極參與國際金融市場活動，是國際黃金市場和歐洲貨幣市場的重要參與者。

（二）組織機構

國際清算銀行是以股份公司的形式建立的，組織機構包括股東大會、董事會、辦事機構。

1. 股東大會

股東大會是國際清算銀行的最高權力機關，股東大會由各成員國的中央銀行代表和與國際清算銀行有業務關係的中央銀行參加，但是只有成員國中央銀行有表決權。會議每年6月份在巴塞爾召開一次，投票表決按照認購的股份比例分配，股東大會主要是通過年度決算、資產負債表和損益計算書、利潤分配辦法和接納新成員國等重大事項的決議。

2. 董事會

董事會是國際清算銀行的實際權力機構，日常經營管理機構，由13名董事組成。董事一般是由比利時、德國、法國、英國、義大利和美國中央銀行行長或者各自任命1名本國工商和金融界的代表擔任董事，董事會設主席1名，副主席若干名，每月召開一次例會，審議銀行日常業務工作。

3. 資金來源

國際清算銀行的資金主要來源有：成員國繳納的股金、借款、吸收存款。國際清算銀行法定股本為15億金法郎，共分為面值相等的60萬股，每股面值2,500金法郎，其中14%由個人持股，但是個人持股者沒有權利參加股東大會。自2001年起，國際清算銀行已經回購了全部的私人股份；借款是向各成員國中央銀行借款；吸收存款是接受各國中央銀行的黃金存款和商業銀行的存款。

四、亞洲基礎設施投資銀行

亞洲基礎設施投資銀行是由中國倡導成立的區域性金融機構，也是首個由中國倡

導成立的區域性多邊開發機構，該銀行於 2015 年 12 月 25 日成立，2016 年 1 月 16 日開業，總部設於北京。成立之初，有 57 個國家及地區已全部成為正式的意向創始成員國。2017 年 6 月 29 日，穆迪投資者服務公司對亞洲基礎設施投資銀行進行評級，評級結果為 AAA 級，這是穆迪公司評級標準裡的最高級別。截至 2018 年 6 月 26 日，其成員總數增至 87 個。

（一）服務宗旨和職責

亞洲基礎設施投資銀行不僅是一個多邊國際金融機構，還是中國「共同體外交」的新載體，亞洲基礎設施成立宗旨是為了促進亞洲區域的建設互聯互通化和經濟一體化的進程。主要職責是重點通過開發性金融工具來推進亞洲區域的基礎設施建設及其互聯互通建設，打破各經濟體之間投資、貿易和人員往來的屏障，帶動投資增長，促進貿易以至全球經濟血脈更加暢通，為構建更加廣泛、更高水準、更深層次的開放型區域經濟和世界經濟提供基礎保障條件。

（二）組織結構

亞洲基礎設施投資銀行採取的是股份制銀行的治理模式，業務定位為準商業性，組織框架由理事會、董事會和管理層組成。理事會是最高權力和決策機構，根據亞洲基礎設施投資銀行章程授權董事會和管理層權力，每年定期召開會議就重大政策進行決策；董事會由理事會選舉的總裁主持，負責對日常事務的管理決策；銀行總部下設銀行各主要職能部門。

亞洲基礎設施投資銀行的投票權分為兩部分：一是亞洲區域內國家和地區所佔有的 75%；二是區域外非亞洲國家和地區佔有的 25%。亞洲區域內國家和地區的投票權將通過 GDP、人口等一系列指標來決定。

（三）資金來源

根據 2014 年 10 月簽署的《籌建亞投行備忘錄》，亞洲基礎設施投資銀行的法定資本為 1,000 億美元，總認繳的股本中，中國認繳數量占 30.34%，中國的投票權占總投票權的 26.06%，中國成為最大股東。亞洲基礎設施投資銀行資金的來源還有銀行同業拆借和成員國發行主權債券。

本章思考題

1. 簡述一國金融機構體系的構成。
2. 中國金融監管機構有哪些？每一個監管機構的職責是什麼？
3. 試述現階段中國金融機構體系的構成特點。
4. 中國政策性金融機構有哪些？
5. 簡述國際貨幣基金組織的宗旨。
6. 簡述世界銀行的業務內容。
7. 簡述亞洲基礎設施投資銀行的設立宗旨與職責。

第四章　中央銀行

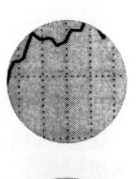

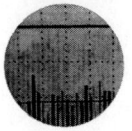

第一節　中央銀行的產生與發展

中央銀行起源於 17 世紀中後期，至今已有三百餘年的歷史了。目前世界上絕大多數國家的金融體系中均設有中央銀行，中央銀行制度已經成為一國最基本的經濟制度之一。研究中央銀行需從探究中央銀行的產生背景與發展過程開始。

一、中央銀行產生的背景

16 世紀以後，伴隨著工業革命帶來的新的生產方式，工商業得到空前發展，商業銀行的發展也出現了一個高潮。銀行數量的增加，雖然擴大了商品生產與流通，但由於缺少相應的制度規範，使得銀行體系內部有著許多問題。

分散發行的銀行券造成了貨幣流通體系的混亂。首先，一些規模實力較小的銀行自身知名度不高，其發行的銀行券只能在狹小範圍內流通，不符合社會化大生產的客觀要求，給商品流通帶來了很多困難；其次，隨著市場競爭的加劇，一些銀行因經營不善而倒閉破產，無法保證自己所發行銀行券的兌現，造成了銀行券和貨幣流通的混亂，極易引發信用危機。因此，為了更好地適應經濟發展和商品流通，為了保證銀行券幣值穩定和流通順暢，客觀上要求在全國範圍內由資金雄厚、享有較高信譽的大銀行來集中發行銀行券。

商業銀行在其發展初期，票據交換和清算的效率低下，銀行間的業務往來和票據結算往往是由各家銀行單獨分散進行的。隨著經濟發展與市場交易的逐步擴大，銀行數量逐漸增多，銀行業務也不斷擴張。銀行之間往來頻繁，每天收受票據的數量增多，清算任務越來越重，由各個銀行自行軋差進行當日結清已經很困難。各個銀行之間複雜的債權債務關係也嚴重威脅到貨幣流通和商品週轉。這就在客觀上要求建立一個權威公正的機構為各家商業銀行提供票據交換與清算服務。

銀行倒閉破產使得信用體系和經濟運行不夠穩定。一方面，銀行券的發行權利被大銀行統一後，商業銀行的負債來源只有靠吸收存款；另一方面，隨著資本主義的發展和流通的擴大，企業對銀行貸款的需求不僅有數量增長，還要求期限延長。這種情況使銀行吸收的存款難以滿足貸款發放的要求，為了獲得更多利潤，很多銀行降低了自己的準備金。商業銀行信用規模擴大的同時清償能力反而下降了，一旦發生風險事項，很容易出現擠兌和破產。於是客觀上需要一家權威機構作為商業銀行的最後貸款者，平時適當集中各家商業銀行的一部分現金準備，在某一商業銀行發生支付困難時給予一定的貸款支持，既能保證商業銀行的債務清償能力，又能減少流動性風險與清償危機對銀行信用體系的衝擊。

監管缺失導致金融秩序混亂。銀行業激烈的競爭迫使一些銀行高息攬儲、破壞貨幣發行紀律，造成銀行流動性危機，進而倒閉破產。銀行作為現代貨幣信用領域的重要部門，與各行各業有著密切的聯繫，如果商業銀行在競爭中破產、倒閉，就會給經

濟帶來極大的震動和破壞。為了減少金融運行的風險，客觀上需要有一個代表政府意志的專門機構對金融業進行監管管理，從而保證銀行和金融業的有序競爭和健康發展。

二、中央銀行的歷史演進

中央銀行的產生和發展經過了一個漫長的過程，縱觀世界各國中央銀行的確立和完善，大致經歷過三個階段。

一是初步形成階段。世界上最早設立的中央銀行是瑞典銀行，它成立於1656年，本是由私人創辦的商業銀行，也是歐洲第一家發行銀行券的銀行。1668年，政府出面將瑞典銀行改組為國家銀行，直接對國會負責。1897年瑞典政府通過法案，將貨幣發行權集中於瑞典銀行，瑞典銀行發行的貨幣成為全國唯一的合法通貨，此時瑞典銀行才成為真正的中央銀行。1694年，英格蘭銀行誕生，成立時它是按股份制方式組建的私人銀行。1833年，英國議會規定只有英格蘭銀行發行的銀行券具有無限清償的資格。雖然瑞典銀行是中央銀行的先驅，但英格蘭銀行比它更早地獨占貨幣發行權，因此，人們一般認為英格蘭銀行才是近代中央銀行的鼻祖。英國作為早期的資本主義國家，其經濟發展的領先地位和英格蘭銀行的成功運作成為眾多國家學習和仿效的榜樣。到19世紀後期，世界上約有29個國家先後成立自己的中央銀行，如荷蘭、比利時、奧地利、挪威、丹麥、西班牙、俄羅斯、德國、日本等。美國的中央銀行是世界各經濟強國中最後建立的，1914年成立的聯邦儲備體系發展到今天，已成為全球最具實力的經濟組織之一。

二是普遍推行階段。第一次世界大戰爆發後，許多國家的經濟與金融領域發生了劇烈波動，主要資本主義國家先後放棄了金本位制。面對世界性的金融危機和嚴重的通貨膨脹，1920年，在比利時首都布魯塞爾舉辦的國際經濟會議建議：凡是還未成立中央銀行的國家，應迅速成立中央銀行；已經成立中央銀行的國家，要進一步強化中央銀行的職責和地位，發揮中央銀行的作用，以共同維持國際貨幣體系和經濟的穩定。於是世界上許多國家鑒於大趨勢及國內經濟發展的需要，紛紛新建或改組中央銀行。

三是功能強化階段。從第二次世界大戰結束至今，是各國對中央銀行進一步加強控制的時期。戰後各個國家為了穩定貨幣金融秩序、恢復經濟發展，紛紛加強了對經濟的干預，也加強了對中央銀行的控制。中央銀行和國家職能進一步結合，成為國家調控和管理經濟的重要組成部分。中央銀行功能的強化主要表現在兩方面：一是許多國家的中央銀行開始了國有化進程。二是亞洲、非洲等一些新獨立的國家普遍設立中央銀行。

三、中國中央銀行的產生與發展

中國中央銀行制度的萌芽可以追溯到20世紀初。1905年，清政府設立的戶部銀行是最早出現的、具有部分中央銀行職能的國家銀行。1908年，戶部銀行更名為大清銀行，1912年又改組成中國銀行。國民政府時期的中央銀行最早是由孫中山於1924年在廣州設立的，1928年，國民政府又在南京成立中央銀行，兩者都沒有真正使中央銀行職能。

新中國的中央銀行是1948年12月1日在石家莊成立的中國人民銀行。這時的中央銀行既執行中央銀行的職能，又辦理商業銀行的業務。1984年1月1日，中國工商銀行正式成立，承辦原來由中國人民銀行辦理的城市工商信貸和儲蓄業務，中國人民銀行專門行使中央銀行的職能。中央銀行職能專門化可以進一步穩定貨幣流通、搞活經濟，加強對宏觀經濟的調節和控制，對健全和完善中國金融體系具有重要的意義。1995年3月18日，第八屆全國人民代表大會第三次會議通過了《中華人民共和國中國人民銀行法》，從法律的高度確立了中國人民銀行的性質、地位、職能和組織機構，標誌著中國中央銀行制度進入了法制化、規範化的軌道。

第二節　中央銀行的性質與職能

中央銀行的性質和職能是由其在國民經濟中的地位決定的。作為一國金融機構體系的核心部門，中央銀行在屬性和業務上都不同於其他銀行。中央銀行的性質決定職能，職能是其性質的體現。

一、中央銀行的性質

（一）從中央銀行業務活動的特點看，它是特殊的金融機構

中央銀行的業務類型與一般金融機構的業務類似，也包括吸收存款、發放貸款、辦理匯兌結算等，但兩者在業務對象、經營目的和業務權利等方面卻有著很大的不同。中央銀行的業務對象僅限於政府和金融機構，而不是一般的工商客戶和居民個人；中央銀行所從事的各項金融業務，是從國民經濟發展的需要出發而開展的，不以營利為目的；中央銀行享有政府賦予的一系列特有的業務權利，如發行貨幣、代理國庫、保管存款準備金、制定金融政策等。

（二）從中央銀行發揮的作用看，它是特殊的國家機關

中央銀行通過國家特殊授權提供貨幣供給、調節信用活動，並對普通金融機構和金融市場實施監督管理。作為國家宏觀經濟調控和金融業管理的重要部門，中央銀行負有重要的公共責任，自然具有一定的國家機關性質，但其與一般國家行政機關又有很大的不同。一般的國家機關主要依靠行政手段行使職能，而中央銀行對金融和經濟管理調控基本上是採取經濟手段，通過特定金融業務進行，如調整利率和準備金率、公開市場上買賣有價證券等，這些手段的運用更多地具有銀行業務操作的特徵；一般的國家機關的行政決定直接作用於各微觀主體，缺乏彈性，而中央銀行是通過操作貨幣政策工具調節金融機構的行為和金融市場運作，再通過金融機構和金融市場影響到各經濟部門，這種分層次調控宏觀經濟的方法作用較平緩，市場回旋空間也較大。中央銀行作為國家機關需要與政府保持協調，但在政策制定方面卻具有一定的獨立性，為了實現穩定的貨幣政策目標，中央銀行可以獨立地制定和執行貨幣政策。

二、中央銀行的基本職能

隨著中央銀行制度的不斷發展，中央銀行的職能也在不斷完善。中央銀行是發行

的銀行、銀行的銀行和政府的銀行，這是中央銀行職能最典型的概括。

(一) 發行的銀行

中央銀行是發行的銀行，是指國家賦予中央銀行集中與壟斷貨幣發行的特權，是國家唯一的貨幣發行機構。中央銀行獨占貨幣發行權不僅克服了銀行券分散發行的缺點，還使得中央銀行在創造資金來源上具有任何機構都無法比擬的優勢。一方面，中央銀行按照發展的客觀需要和貨幣流通及其管理的要求發行貨幣，另一方面，中央銀行發行出來的銀行券，一部分形成銀行等金融機構的庫存現金，其餘大部分則形成流通中的現金，它們與存款機構在中央銀行的準備金存款一起共同構成了基礎貨幣，中央銀行可以通過掌握貨幣的發行，直接影響整個社會的信貸規模和貨幣供給總量，進而影響經濟，實現中央銀行對國民經濟的控制和調節。集中與壟斷貨幣發行權是中央銀行最基本、最重要的標誌，也是中央銀行發揮其全部職能的基礎。只有當貨幣發行權集中到一家銀行手中時，才標誌中央銀行制度的最終確立。

(二) 銀行的銀行

中央銀行是銀行的銀行，是指它不直接與工商企業和個人發生業務往來，只同商業銀行及其他金融機構有業務關係。現在各國的銀行法律一般都要求存款機構必須對其存款保留一定比率的準備金，即法定準備金。這些準備金（包括一部分超額準備金）除小部分可以庫存現金的形式持有外，大部分要交由中央銀行保管，這樣做的目的是：便於中央銀行瞭解和掌握各存款機構的準備金狀況，為貨幣政策的制定和實施提供參考依據；一定程度上保證了存款機構的清償能力，如果某一金融機構面臨資金困難，而別的金融機構又無力或不願對其提供援助時，中央銀行就可以利用收集到的準備金存款扮演最後貸款人的角色；中央銀行可通過借記或貸記各存款機構開設的準備金帳戶來完成各存款機構之間的款項支付，組織全國的資金清算。所以說中央銀行是銀行的銀行。

(三) 政府的銀行

中央銀行是政府的銀行，是指它作為國家宏觀經濟管理的一個部門，可以代表國家制定和實施金融政策，代為管理國家財政收支及為國家提供各種金融服務，如代理國家金庫、代理政府債券、向政府提供信用、保管黃金和其他資產形式的國際儲備、代表政府參加國際金融組織和各項國際金融活動等。此外，中央銀行還負有監督管理宏觀金融、向社會公眾發布經濟金融信息、為政府提供經濟金融情報和決策建議等責任。

三、中央銀行的綜合職能

中央銀行作為干預經濟、管理金融的特殊的金融機構，隨著金融市場和金融機構的變化，其職能也在不斷補充和完善。中央銀行的綜合職能就是在其基本職能的基礎上進一步發展和具體化，包括調控職能、服務職能和監管職能。

(一) 調控職能

中央銀行的調控職能是指其作為國家的最高金融管理機關，應運用自身特有的金融手段對全社會的貨幣流通和信用活動進行調節控制，進而干預和影響國民經濟的整

體運行，以實現預期的貨幣政策目標。

中央銀行的金融調控職能是圍繞貨幣供應量展開的。中央銀行運用其壟斷的貨幣發行權，通過改變基礎貨幣的供應量來減少或增多貨幣供應量，從而使社會總供給與社會總需求在一定程度上基本均衡。適度的貨幣供應量有利於國民經濟的健康發展。

(二) 服務職能

中央銀行的服務職能是指其以特殊銀行的身分向政府、商業銀行及其他非銀行金融機構、社會公眾提供各種金融服務。

中央銀行為政府提供服務的主要內容包括：代理國庫，經辦政府的財政預算收支劃撥與清算業務；為政府代辦國家債券的發行、銷售及還本付息事宜；為政府提供融資，融資方式可以是無息或低息短期信貸或購買政府債券；代辦有關金融業務，如買賣黃金、外匯等；代表政府從事國際金融活動；充當政府的金融顧問等。

中央銀行為商業銀行及其他非銀行金融機構提供服務的主要內容包括：保管各家金融機構所交存的存款準備金（包括法定準備金和超額準備金）；主持辦理全國各商業銀行和非銀行金融機構的票據交換和資金清算業務；為各金融機構提供短期資金融通服務。

中央銀行為社會公眾提供服務的主要內容包括：保持幣值穩定，保障人們正常的生產生活秩序；對商業銀行及非銀行金融機構進行監管，維護客戶合法財產的安全性；向社會提供全面及時的統計數據資料，幫助公眾瞭解和掌握所需要的經濟發展信息。

(三) 監管職能

中央銀行的監管職能是指中央銀行作為一國的金融管理機關，為了維護金融體系的健全與穩定，防止金融市場混亂給社會經濟發展帶來的動盪，而對商業銀行與非銀行金融機構的金融活動和金融市場進行管理和控制。主要內容包括：制定相關金融政策、法令、條例及規章制度等，檢查各金融機構的貫徹執行情況；對金融機構的設立、變更、終止、業務範圍的審批等實施金融行政管理；監測管理金融業務和金融市場的運行情況，對其實施宏觀調控，維護金融體系的穩定。

四、中國中央銀行的性質與職能

(一) 中國中央銀行的性質

1995年3月18日，中華人民共和國第八屆全國人民代表大會第三次會議通過的《中華人民共和國中國人民銀行法》確立了中國人民銀行的地位，明確其職責。為了更好地適應新的經濟形勢，2003年12月27日，第十屆全國人民代表大會常務委員會第六次會議將《中華人民共和國中國人民銀行法》進行了部分修改。修正後的《中華人民共和國中國人民銀行法》明確規定：中國人民銀行在國務院領導下，制定和執行貨幣政策，防範和化解金融風險，維護金融穩定。

(二) 中國中央銀行的職能

(1) 發布與履行其職責有關的命令和規章；

(2) 依法制定和執行貨幣政策；

(3) 發行人民幣，管理人民幣流通；

(4) 監督管理銀行間同業拆借市場和銀行間債券市場；
(5) 實施外匯管理，監督管理銀行間外匯市場；
(6) 監督管理黃金市場；
(7) 持有、管理、經營國家外匯儲備、黃金儲備；
(8) 經理國庫；
(9) 維護支付、清算系統的正常運行；
(10) 指導、部署金融業反洗錢工作，負責反洗錢的資金監測；
(11) 負責金融業的統計、調查、分析和預測；
(12) 作為國家的中央銀行，從事有關的國際金融活動；
(13) 國務院規定的其他職責。

第三節　中央銀行的主要業務

中央銀行的各項職責主要是通過其進行的各種業務活動來實現的。中央銀行作為經營貨幣金融事業的部門之一，其業務分類與普通商業銀行一致，可以分為負債業務、資產業務和中間業務。但又由於中央銀行的業務活動有其特定的目的、領域和對象，故它的業務活動原則與商業銀行和其他金融機構不同，非盈利性、流動性、主動性和公開性為中央銀行業務活動的基本原則。

一、中央銀行的負債業務

中央銀行的負債業務是指政府和金融機構以及特定機構所特有的對中央銀行的債權，即中央銀行的資金來源。它主要由貨幣發行業務、存款業務及其他負債業務構成。

（一）貨幣發行業務

貨幣發行業務是指中央銀行向流通領域投放貨幣的活動。貨幣發行是中央銀行的基本職能之一，也是中央銀行最重要的負債業務，形成了中央銀行的主要資金來源。中央銀行利用其壟斷發行的特權發行貨幣，貨幣通過再貼現、再貸款、購買有價證券以及收購黃金、外匯等途徑投入市場，進入流通環節。相應地，流通中的貨幣也會通過相反的渠道流回中央銀行。在現代不兌現的信用貨幣制度下，中央銀行發行的現金其實是一種價值符號，所以發行貨幣對中央銀行來說是一種債務，對社會公眾來說是一種債權。中央銀行的貨幣發行業務既為商品流通和交換提供了流通手段和支付手段，也有助於自身籌集到可以長期佔有的大量社會資金，用以履行其各項職能。各國為了保持本國貨幣流通的穩定性，防止中央銀行濫用發行權，造成通貨膨脹，紛紛採用了不同方法對貨幣發行數量加以限制。

（二）存款業務

中央銀行的存款業務完全不同於商業銀行和其他金融機構的存款業務。中央銀行的存款主要來自以下三個方面：

1. 準備金存款

商業銀行和非銀行金融機構為了保證客戶提取存款和資金清算需要而準備的資金，

按規定向中央銀行繳納的部分稱為準備金存款。準備金中法律規定的部分必須存儲於中央銀行，超過法律規定的部分，即為商業銀行的超額準備。中央銀行掌握了各商業銀行的存款準備金，一方面，可以形成自己的資金來源，為其履行「最後貸款人」職責、辦理商業銀行之間的債務清算等提供了重要條件；另一方面，中央銀行可以通過提高存款準備金率來減少商業銀行的貸款和投資行為，降低存款準備金率就可以刺激商業銀行更多地發放貸款和進行投資，從而達到控制商業銀行的信用活動規模的目的，進而調節貨幣供應量、實現貨幣政策。

2. 政府存款

政府存款是中央銀行在經理國庫過程中形成的存款，一般包括兩部分：一部分是由於中央銀行經辦政府的財政收支，執行國庫的出納職能，如接受國庫的存款、兌付國庫簽發的支票、代理收解稅款、替政府發行債券、還本付息等，在業務處理的過程中形成的財政金庫存款；另一部分來自那些依靠國家財政撥給行政經費的行政事業單位，其經費收支也由中央銀行辦理，其支出之前存在中央銀行。

中央銀行吸收政府存款一方面形成中央銀行重要的資金來源，另一方面由中央銀行代理國庫業務，可以溝通財政與金融之間的聯繫。當政府資金短缺時，可借助中央銀行融通短期資金，並為政府資金的融通提供一個有力的調節機制，從而使國家的財源與金融機構的資金來源相連接，充分發揮貨幣資金的作用。

3. 外國存款

一些外國政府或中央銀行為了適應國家間貿易結算和往來支付的需要，將其資金存放在本國中央銀行，這些存款構成了本國外匯的一部分。外國存款數量一般較小，其數量變化對本國外匯儲備和基礎貨幣的投放影響不大。

（三）其他負債業務

1. 發行中央銀行債券

中央銀行債券的發行對象通常是國內金融機構，當商業銀行或其他非銀行金融機構的超額儲備量過多時，中央銀行可以選擇發行債券以減少部分超額儲備，從而有效地控制貨幣供應量。發行的債券本身也可以作為公開市場業務操作的工具。

2. 對外負債

中央銀行為了平衡國際收支、穩定本國匯率、應對貨幣危機和金融危機等，從外國銀行、外國中央銀行、國際金融機構借款，或在國外發行債券的行為屬於對外負債。

3. 資本業務

中央銀行的資本業務就是籌集、維持和補充自有資本的業務。中央銀行的自有資本主要來源於三個途徑：政府出資、地方政府或國有機構出資、私人銀行和部門出資。中央銀行為了保持正常的業務活動必須擁有一定數量的自有資本，但由於中央銀行的特殊地位和法律特權，其資本金的作用較小，不能與一般金融機構相提並論。

二、中央銀行的資產業務

中央銀行的資產業務是指其運用貨幣資金的業務，即中央銀行所持有的各種債權。資產業務是中央銀行發揮自身職能的重要手段，它主要由再貼現業務、再貸款業務、

證券買賣業務和黃金外匯儲備業務構成。

(一) 再貼現業務

再貼現又叫重貼現，是指當商業銀行資金短缺時，將其所持有的由貼現取得的未到期的商業票據提交中央銀行，中央銀行以一定的貼現率對商業票據進行二次買進的經濟行為。再貼現業務是中央銀行彌補商業銀行營運資金不足的重要手段，中央銀行實際充當了「最後貸款人」的角色。除了向商業銀行提供資金，中央銀行還可以根據需要調整再貼現率。降低再貼現率可以刺激商業銀行的資金需求，增加貨幣供應量；反之，提高再貼現率可以抑制商業銀行的資金需求，減少貨幣供應量。再貼現業務由此成為中央銀行實施貨幣政策的重要工具之一，以達到控制、引導資金流向和規模的目的，最終實現對國民經濟的宏觀調控。

(二) 再貸款業務

再貸款業務是指中央銀行採用信用放款或者抵押放款的方式，對商業銀行等金融機構、政府以及其他部門進行貸款。中央銀行作為銀行的銀行，一方面要控制商業銀行的信用活動，另一方面，中央銀行還要在商業銀行資金困難時為其提供貸款支持，除了再貼現業務，再貸款業務也是中央銀行影響商業銀行的資金借入成本，控制和調節貨幣供應量的重要手段。中央銀行根據貨幣政策的需要決定對商業銀行貸款的數額、期限、利率和方式，貸款期限不超過一年。為減少風險，防止失控，中央銀行經常以抵押貸款形式向商業銀行貸款。

在特殊情況下，中央銀行也對財政進行貸款或透支以解決財政收支困難。不過如果這種貸款數量過多、時間過長易引起信用擴張、通貨膨脹，因此，正常情況下，各國對此均加以限制。美國聯邦儲備銀行對政府需要的專項貸款規定了最高限額，而且要以財政部的特別庫券作為擔保。英格蘭銀行除少量的政府隔日需要可以融通外，一般不對政府墊款，政府需要的資金通過發行國庫券的方式解決。《中華人民共和國中國人民銀行法》規定，中國人民銀行不得對政府財政透支，不得直接認購、包銷國債和其他政府債券，不得向地方政府、各級政府部門提供貸款。

(三) 證券買賣業務

證券買賣業務是指中央銀行在金融市場買賣各種有價證券，主要買賣的證券種類是國家債券，包括國庫券和公債券，其中以國庫券為主。中央銀行買賣證券其目的不是出於投資獲利，而是為了根據市場銀根的鬆緊調節資金供應，管理宏觀金融市場。中央銀行在公開市場上買進證券會增加貨幣供應量，在公開市場上賣出證券會減少貨幣供應量。證券買賣業務是中央銀行一項重要的貨幣政策工具，也是中央銀行的一項經常性資產業務。

(四) 黃金外匯儲備業務

中央銀行為保證國際收支平衡、匯率穩定及本國貨幣幣值的穩定，要統一掌握和負責管理國家的黃金、外匯儲備。當國際收支發生逆差時，中央銀行可以動用黃金外匯儲備補充所需外匯的不足，以保持國際收支的平衡。如果本國貨幣存在較大貶值的壓力，為了維持匯率的穩定，中央銀行將會被迫在外匯市場出售外匯儲備資產、回籠基礎貨幣；相反，如果本國貨幣存在升值的壓力，為了維持本國匯率穩定，中央銀行

則會被迫在外匯市場購買外匯資產、增加基礎貨幣的投放。中央銀行買賣黃金與外匯儲備對基礎貨幣及銀行體系準備金的影響與中央銀行公開市場操作對基礎貨幣及銀行體系準備金的作用效果相同。因此，黃金、外匯儲備是各國進行國際支付和穩定國內貨幣幣值的重要保證。需要黃金、外匯者可向中央銀行申請購買，中央銀行則通過買賣黃金、外匯資產來集中儲備，達到調節資金、保持幣值、穩定金融市場的目的。

三、中央銀行的中間業務

中央銀行的中間業務是指由於各商業銀行都有法定存款準備金存在中央銀行，且在中央銀行設有活期存款帳戶，這樣中央銀行就可以通過其管理的存款帳戶完成全國範圍內的資金劃撥清算，了結銀行之間的債權債務關係。在信用制度高度發達的今天，企業間因經濟往來發生的債權債務關係一般由商業銀行辦理轉帳結算，這種企業間的債權債務關係就轉變成銀行間的債權債務關係。中央銀行作為銀行的銀行，成為了全國資金的清算中心。中央銀行提供的清算服務實現了銀行之間債權債務的非現金結算，便利了異地間的資金轉移，主要包括同城票據交換和異地資金轉移。

（一）集中票據交換

票據交換是在一個地區範圍內（同城）將所有銀行間的應收應付款項相互軋抵後，僅就其差額進行收付的清算方式。各國主要商業銀行通常都有自己獨立的清算系統，但對於跨系統的業務的處理則需要交給中央銀行在各大城市建立的清算中心完成。中央銀行控制和管理著這些清算中心，並負責管理清算的內容和結果。各行應收應付款項相互軋抵後，即可通過其在中央銀行開設的往來存款帳戶進行轉帳收付，不必收付現金。

（二）辦理異地資金轉移

各城市、各地區間的資金往來通過銀行匯票傳遞、匯進匯出，最後形成異地間的資金劃撥。這種異地間的資金劃撥必須通過中央銀行建立的全國的清算網絡統一辦理。

各國中央銀行辦理異地資金轉移的辦法有很大不同，一般可分為兩種類型：一是先由各金融機構內部自成聯行系統清算，然後各金融機構的總行通過中央銀行總行辦理轉帳結算；二是將異地票據統一集中傳送到中央銀行總行辦理軋差轉帳。

第四節　貨幣政策

貨幣政策在國民經濟宏觀調控中居於十分重要的地位，貨幣政策的變動將會引起總需求和總供給的變動，進而引起一般物價水準、經濟增長速度、就業水準以及國際收支發生相應的變動。目前貨幣政策已經成為市場經濟國家調控國民經濟運行的重要手段之一。制定和實施貨幣政策，對宏觀經濟進行間接調控，以保持經濟的平穩運行，已成為中央銀行最為重要的基本職能之一。

一、貨幣政策的含義

中央銀行對經濟的調節和對金融的宏觀調控體現在制定與實施貨幣政策方面。貨

幣政策的範圍，有廣義和狹義之分。

從廣義上講，貨幣政策包括政府、中央銀行和其他有關部門所有關於貨幣方面的規定，以及所採取的影響貨幣數量的一切措施政策，包括所有旨在影響金融系統體系的措施政策，甚至包括政府借款、國債管理、政府稅收和開支等可能影響貨幣支出的行為。

從狹義上講，貨幣政策是指中央銀行為實現預期的宏觀經濟目標，運用各種政策工具調節與控制貨幣供給量與利率水準，調節宏觀經濟運行的方針與措施的總稱。中央銀行制定與實施貨幣政策主要涉及貨幣政策目標的確定、貨幣政策工具的選擇、貨幣政策的傳導及貨幣政策效果等諸多內容。中央銀行在制定與實施貨幣政策時，必須對上述內容進行全面而系統地統籌考慮，以確保貨幣政策預期目標的順利實現。

二、貨幣政策的目標

中央銀行貨幣政策的目標是指中央銀行通過採取調節貨幣和信用的措施，在一段較長時期內，經過一定的傳導過程，最終將其影響導入一國經濟的實際領域，達到既定的目標。按照中央銀行對貨幣政策的影響力和影響速度，貨幣政策劃分為兩個不同的目標層次，即最終目標和仲介目標，它們共同構成中央銀行貨幣政策的目標體系。

（一）貨幣政策的最終目標

貨幣政策最終目標的確立需具有長期性、前瞻性以及與一國宏觀經濟目標保持一致的趨同性等特點。由於各國經濟發展情況和中央銀行制度的差異，各國中央銀行所選擇的貨幣政策目標也不盡相同。一般認為，貨幣政策的最終目標包括穩定物價、充分就業、經濟增長和國際收支平衡四個方面。

1. 穩定物價

穩定物價是指設法使物價水準在短期內不發生顯著的波動。這裡的物價水準是指一般物價水準，而不是指某種商品的價格。一般物價水準以物價指數來表現，物價的變動以物價漲跌率來表示。在正常的經濟發展過程中，物價受各種因素如工資、稅收、利潤、原材料價格等的影響，呈總體上升趨勢。穩定物價並不是要求物價一成不變，所以物價上漲率不可能為零，但物價上漲率過高則意味著通貨膨脹，因此中央銀行需要確定一個適當的物價上漲率，將一般物價水準的上漲幅度控制在一定的範圍之內，以防止通貨膨脹，這是穩定物價這項貨幣政策的目標定位。

可是這種定位沒有絕對的標準。不同的經濟學家有不同的看法，不同的國家也有不同的標準。保守的經濟學家認為物價水準最好不增不減，或者只能允許在1%的幅度內上下波動；有的認為3%是可取的；而較激進的經濟學家因相信輕微的通貨膨脹對經濟的活躍有一定的刺激作用，有利於經濟發展，主張一般物價水準可作較高幅度的增加，如上漲幅度可允許在5%以內。有些國家，人們對通貨膨脹的承受能力較強，認為物價上漲率為5%甚至更高也可以接受；而另一些國家中，人們則認為物價上漲率應控制在2%甚至1%以內才算物價穩定。因此，中央銀行應因時、因地制宜，根據各國經濟發展的實際情況和背景對該項目標加以定位，制定不同的標準。從各國實際情況來看，中央銀行在制定貨幣政策時都顯得十分保守，一般將年物價上漲率控制在2%~

3%以內。

2. 充分就業

充分就業通常是指凡有能力並自願參加工作者，都能在較合理的條件下找到適當的工作。高就業意味著資源的充分利用，意味著高產出和高投入，也意味著經濟的良性循環和穩定增長，所以，充分就業目標是一國中央銀行貨幣政策的四大目標之一。

嚴格意義上的充分就業是針對所有能夠被利用的資源的利用程度而言的，但是要測定各種經濟資源的利用程度是非常困難的，因此一般以勞動力的就業程度為標準，即以失業率高低衡量勞動力的就業程度。失業率即全社會的失業人數與自願就業的勞動力人數之比。按傳統的西方經濟理論，充分就業並不等於社會勞動力100%的就業，一般情況下社會上存在三種失業：一是「摩擦失業」，這種失業是由於生產過程中生產季節性變化、原材料短缺、機器故障等引起的局部的、暫時的勞動力供求失調；二是「自願失業」，這種失業是勞動者自身不願接受現有的工作條件而拒絕參加工作；三是「非自願失業」，這種失業是勞動力願意接受現有的工資、工作條件而仍找不到工作。傳統的西方經濟理論通常把前兩種類排斥在外，即它們的存在與充分就業本身是不矛盾的，只有減少第三種失業，即「非自願失業」，社會才能實現充分就業。因此，通常失業率中所指的失業人數是指「非自願失業」的人數。所謂充分就業目標，就是要保持一個較高的、較穩定的社會就業水準。

那麼究竟失業率多少可稱之為充分就業呢？目前尚無統一標準。有經濟學家認為，當失業率控制在3%以內才可被視為充分就業，但是大多數經濟學家認為失業率在5%以內就可以被認為實現了充分就業。實踐中，很多國家中央銀行把充分就業目標定位於失業率不超過4%為宜。總之，各國應該根據各自不同的經濟條件、發展狀況來確定充分就業目標。

3. 經濟增長

經濟增長是指一國或一個地區內商品和勞務及生產能力保持合理的、較高的增長速度。目前，各國衡量經濟增長的指標主要有國民生產總值增長率、國民收入增長率、人均國民生產總值和人均國民收入增長率等。前兩個指標主要反應的是經濟增長的總規模和經濟實力的狀況；後兩個指標則反應的是經濟增長帶給一個國家或地區的富裕程度。

在一個國家的經濟發展過程中，影響經濟增長的因素很多，其中有促進經濟增長的因素，如科學技術的進步、勞動生產率的提高、投資的增加、資源的利用等；還有若干阻礙經濟增長的因素，如資源浪費、環境污染等。中央銀行作為經濟運行中的貨幣供給部門，能夠影響資本的供給與配置。各國中央銀行應努力通過貨幣政策的鬆緊去影響投資規模、調節經濟、創造一個適宜於經濟增長的貨幣金融環境，但經濟增長是經濟社會的一項綜合發展目標，要求全社會共同努力去實現。中央銀行的調控只能對資源的配置產生一些效果，對勞動以及土地的運用、對資源的浪費和環境污染等問題則缺乏直接影響力。因此，對這一目標的衡量不能使用量化的統一標準，只能根據本國的經濟實際與本國以往某一時期經濟增長的經驗數據為依據，合理確定本國的經濟增長幅度。

4. 國際收支平衡

國際收支平衡是指在一定的時期內（通常指一年內），一國對其他國家或地區的全部貨幣收入和貨幣支出持平或略有順差或逆差。簡單地講，就是中央銀行採取各種措施，糾正國際收支差額，使之趨於平衡。國際收支平衡有利於一個國家國民經濟的發展，特別是對於開放經濟部門占總體經濟比重較大的國家更是如此。國際收支平衡依賴於實施良好的貨幣政策。因為良好的貨幣政策能使國家在對外經濟貿易方面保持外匯儲備的適當流動性，從而保證對外經濟活動的正常進行。

然而，在現實操作中，平衡國際收支是一個不容易確定的目標。從全世界來看，一些國家有盈餘就意味著其他國家有赤字，因此每個國家都要在國際收支平衡表上實現盈餘是絕對不可能的。目前，經濟學家普遍認為，國際收支平衡應當是一種動態的平衡，即在若干年的時間內（如在3~5年內），如果一個國家的國際收支平衡表中的主要目標變動接近於平衡，便可大致上認為達到了國際收平衡。其中，某一年的不平衡可以由其他的年份加以彌補。那麼應如何選擇確定平衡國際收支的標準呢？因為各國的國際收支狀況區別較大，處於經濟起飛階段的國家和經濟成熟的國家，或者正處於經濟調整階段的國家，其國際收支狀況各不相同，所以應根據國家所處的經濟發展階段來確定和選擇平衡國際收支這項目標。

上述四項貨幣政策目標既是統一的，又是矛盾的。就其統一而論，四項目標都是社會發展的目標，是共同處於一個統一體之中的，是可以相互促進、相互作用的。但在現實經濟當中，任何一個國家的中央銀行都無法對上述四項目標同時兼顧，四項目標很難同時實現，是因為四項目標之間存在一定的矛盾。第一，表現為穩定物價與充分就業的矛盾，可能會出現失業率較高的物價穩定或通貨膨脹率較高的充分就業。第二，表現為穩定物價與經濟增長的矛盾，可能會出現經濟增長緩慢的物價穩定或通貨膨脹較嚴重的經濟繁榮。第三，表現為穩定物價與平衡國際收支的矛盾，受國際上其他國家通貨膨脹的影響，可能會出現本國通貨膨脹（別國物價穩定）下的國際收支逆差或本國物價穩定（別國通貨膨脹）下的國際收支順差。第四，表現為經濟增長與平衡國際收支的矛盾，可能會出現經濟增長較快、進口大量增加而導致的國際收支逆差。此外，因經濟增長所帶來的技術進步及生產結構變化等也可能與充分就業產生矛盾。因此，在承認若干目標間互補性的同時，也不能忽略貨幣政策目標之間的衝突性的存在。在某一時刻，為實現某一貨幣政策目標所採用的貨幣政策措施很可能阻撓另一傾向政策目標的實現。針對上述矛盾，中央銀行要在貨幣政策目標的制定及執行過程中結合實際加以分析，從中選擇最為優化的目標組合，最大限度地實現貨幣政策的各項目標。

(二) 貨幣政策的仲介目標

貨幣政策的仲介目標是指中央銀行為實現貨幣政策的最終目標而設置的可供觀察和調整的指標，通過對仲介目標變動的分析，貨幣當局就可以瞭解到國民經濟運行的實際狀況以及其偏離調控目標的方向和程度，從而為下一階段的貨幣政策操作提供指導。貨幣政策的仲介目標通常有利率和貨幣供應量。

1. 利率

以凱恩斯學派為主的經濟學家主張以利率作為貨幣政策的仲介目標。因為利率不僅能夠反應社會的貨幣與信用的供給狀態，而且也能夠反應可貸資金的稀缺程度即供求的相對狀況。此外，短期利率（再貼現率和再貸款利率）也是中央銀行可以控制的金融變量。中央銀行可以通過貨幣政策工具的運用來操縱利率水準和利率結構的變動，由此來影響社會投資與消費，調控社會總需求，影響國民收入的變動，進而實現貨幣政策目標。利率作為連接商品市場與貨幣市場的紐帶，既與貨幣政策的最終目標有密切關係，又是中央銀行可以控制的金融變量，因此，凱恩斯學派極力主張利率這個金融變量作為貨幣政策的仲介目標。

2. 貨幣供應量

貨幣學派的經濟學家堅決反對以利率作為貨幣政策的仲介目標，而主張應以貨幣供給量作為貨幣政策的仲介目標。首先，貨幣供給量變動並不直接影響利率，而是直接影響人們的名義收入和名義支出水準，進而影響投資、就業、產出及物價水準。其次，貨幣供給量能夠正確反應貨幣政策的意向，即貨幣供給量的增加表明貨幣政策趨於擴張；反之，貨幣政策則趨於緊縮。最後，中央銀行能夠控制貨幣供給量。同時貨幣學派經濟學家的實證研究已經表明，雖然在短期內貨幣供給量與實際收入、物價水準之間的關係並不十分明確，但是從長期來看，貨幣供給量的變動總是引起名義收入和物價水準同方向的變動。因此，貨幣學派的經濟學家主張以貨幣供給量作為貨幣政策的仲介目標。

三、貨幣政策的工具

貨幣政策目標是通過貨幣政策工具的運用來實現的。貨幣政策工具是中央銀行為實現貨幣政策目標而使用的各種措施的總稱。根據貨幣政策工具的作用特點及其運用條件，貨幣政策工具可分為一般性貨幣政策工具、選擇性貨幣政策工具和其他補充性貨幣政策工具三種類型。

(一) 一般性貨幣政策工具

一般性貨幣政策工具是指中央銀行用以調控貨幣供給總量、信用供給總量和一般利率水準的措施手段。因為經常使用，一般性貨幣政策工具又被稱之為常規性貨幣政策工具，主要包括法定存款準備金率、再貼現率及公開市場業務，它們被稱為中央銀行的「三大法寶」。

1. 法定存款準備金率

存款準備金是銀行以及某些金融機構為保證客戶提取存款和資金清算而準備的貨幣資金，準備金占存款或負債總額的比例就是存款準備金率。存款準備金分為法定存款準備金和超額存款準備金兩部分。法定存款準備金是金融機構按中央銀行規定的比例上交的部分；超額存款準備金指存款準備金總額減去法定存款準備金後剩餘的部分。法定存款準備金政策是指中央銀行在法律規定允許的範圍內，通過規定或調整法定存款準備金率以改變商業銀行等存款貨幣金融機構上交的存款準備金數量，影響其信用創造能力，以達到收縮或擴張信用、實現貨幣政策目標的一種政策措施。

法定準備金率的變動同商業銀行現有的超額準備金、市場傾向供應量的變動成反比，同貨幣市場利率、資本市場利率的變動成正比。因此，中央銀行可以根據經濟的繁榮與衰退、銀根鬆緊的情況來調整法定存款準備金率，以達到調節金融市場、調節宏觀經濟的目的。

法定存款準備金政策作為一種強制性的貨幣政策工具，具有以下兩種政策效果：

第一，具有強烈的「告示效應」。中央銀行調整準備金比率是公開的、家喻戶曉的行動，能立即影響各商業銀行等存款貨幣機構所持有的準備金頭寸，並必將對人們的心理預期產生巨大的影響，改變社會公眾的支出意願。因此，調整準備金比率實際上是中央銀行的一種有效宣告，顯示出強烈的「告示效應」。

第二，對貨幣供給量具有顯著的影響。法定存款準備金比率的調整有法律的強制性，一經調整，任何存款性金融機構都必須執行。由於貨幣乘數的作用，準備金率微小的變動都會導致貨幣供給量的巨大變化。法定存款準備金政策影響力強、速度快、效果猛烈，帶給金融機構乃至於社會經濟的影響是劇烈的。因為法定存款準備金政策是這樣一種彈性極低的貨幣政策工具，所以不能作為一項日常的調節工具供中央銀行頻繁地加以運用。

2. 再貼現率

再貼現政策是指中央銀行通過制定和調整再貼現率以影響商業銀行等存款貨幣機構獲得的再貼現貸款和超額準備金的成本，以此控制商業銀行等存款貨幣機構的貨幣供給能力，並干預和影響市場利率水準，從而達到調節市場貨幣供應量、實現貨幣政策目標的一種政策措施。

對中央銀行來說，再貼現買進的是商業銀行持有的票據，流出的是現實貨幣，擴大了貨幣供應量。對商業銀行來說，再貼現是出讓已貼現的票據，解決一時資金週轉的困難。整個再貼現過程，其實質內容是商業銀行和中央銀行之間的票據買賣和資金讓渡。一般而言，當中央銀行實行緊縮性的貨幣政策，提高再貼現率時，商業銀行向中央銀行的融資成本上升，商業銀行必然要相應提高對企業的貸款利率，從而帶動整個市場利率上漲。這樣，借款的人就會減少，從而降低商業銀行向中央銀行借款的積極性，起到緊縮信用、減少貨幣供應量的作用；相反，當中央銀行實行擴張性的貨幣政策時，則降低再貼現率，刺激商業銀行向中央銀行借款的積極性，以達到擴張信用、增加貨幣供應量的目的。

但是在實施再貼現政策過程中，中央銀行處於被動等待的地位。商業銀行或其他金融機構是否願意從中央銀行申請再貼現或借款，完全由金融機構自己決定，因此通過調節再貼現率影響市場貨幣供應量對於中央銀行來說是一項缺乏主動性、靈活性的政策。

3. 公開市場業務

公開市場業務是指中央銀行在金融市場上公開買賣有價證券以改變商業銀行等存款貨幣機構的準備金，從而達到調節基礎貨幣和貨幣供應量、實現貨幣政策目標的一種政策措施。當金融市場上資金短缺時，中央銀行可以通過公開市場操作買進有價證券，相當於中央銀行向社會投入一筆基礎貨幣，使得商業銀行等貨幣存款機構的準備

金增加，商業銀行等存款貨幣機構的信用供給與投資將會隨之增加，以實現信用的擴張和貨幣供應量的成倍增加。反之，當金融市場上資金過多、經濟過熱時，中央銀行可以通過公開市場操作賣出其所持有的有價證券，從而回籠基礎貨幣，減少商業銀行等貨幣存款機構的準備金，縮減其信用供給與投資，進而達到減少貨幣供給量的目的。

與前兩種貨幣政策工具相比，公開市場業務具有明顯的優點。公開市場操作的主動權完全由中央銀行把握，中央銀行可以根據需要，隨時、適量地買進或賣出有價證券，在時間、規模以及方向上均具有極強的主動權。中央銀行還可以根據每日對金融市場的信息的分析，隨時決定買賣證券的種類和規模，不斷調整其業務，便於控制業務效果，減輕貨幣政策實施中給經濟帶來的波動。當中央銀行出現操作或政策失誤時，可以通過逆向的公開市場操作，及時、準確地修正其操作或決策的失誤。正是由於公開市場業務具有如此的優勢，公開市場操作已經成為世界上大多數國家中央銀行經常使用的貨幣政策工具。

(二) 選擇性貨幣政策工具

三大貨幣政策工具主要是對信用總量的調節，以控制全社會的貨幣供應量為目的，屬於一般性的總量調節。而選擇性貨幣政策工具是指中央銀行針對個別部門、企業、領域或特殊用途的信用而採用的可以影響銀行體系資金運用方向以及不同信用方式利率水準的貨幣政策工具。選擇性貨幣政策工具主要包括優惠利率、消費者信用控制、證券市場信用控制和不動產信用控制等。

1. 優惠利率

優惠利率是中央銀行對國家要重點發展的部門、行業及產品制定較低的貼現率或放款利率，以鼓勵其發展，促進國民經濟產業結構的調整與產品的升級換代，配合政府的國民經濟產業政策。

2. 消費者信用控制

消費者信用控制是指中央銀行對消費者不動產以外的各種耐用消費品的銷售融資予以控制，目的在於影響消費者對耐用消費品有支付能力的需求。這種限制性措施的主要內容包括：規定用消費信貸購買各種耐用消費品時首期付款額、分期付款的最長期限以及適合於消費信貸的耐用消費品的種類等。當中央銀行提高首期付款額時，就等於降低了最大限度放款額，勢必減少社會對此種商品的需求。而縮短償還期就增大了每期支付額，也會減少對此類商品和貸款的需求。該類措施在消費膨脹時能夠有效地控制消費信用的膨脹。若要提高消費者對耐用消費品的購買能力，刺激消費回升，則需反向操作。

3. 證券市場信用控制

證券市場信用控制是指中央銀行對有價證券的交易，規定貸款額所占證券交易額的百分比率，目的在於影響用借款購買有價證券的比重，進而調節證券市場的活躍程度。它作為對證券市場的貸款量實施控制的一項特殊措施，既能使中央銀行遏制過度的證券投機活動，又不貿然採取緊縮和放鬆貨幣供應量的政策，有助於避免金融市場的劇烈波動和促進信貸資金的合理運用。

4. 不動產信用控制

不動產信用控制是指中央銀行為了限制房地產投資、抑制房地產泡沫，而對商業銀行或其他金融機構發放不動產貸款的額度和分期付款的期限等規定的各種限制性措施。這種限制性措施的主要內容包括：規定商業銀行不動產貸款的最高限額、最長期限、第一次付款的最低金額、逐次分期還款的最低金額等。

(三) 其他補充性貨幣政策工具

1. 直接信用控制

直接信用控制是指中央銀行根據有關法令，以行政命令的方式直接對商業銀行及其他金融機構的放款或接收存款的數量或利率水準施以各種干預。最常見的直接信用控制的措施有利率最高限額、信用配額、流動性比率和直接干預等。

(1) 利率最高限額。中央銀行規定商業銀行和儲蓄機構對其所吸收的存款或儲蓄所能支付的最高利率，目的在於防止存款貨幣機構用抬高利率的辦法吸收存款，進而影響其信用供給能力及貨幣供給量。通過利率管制，可以防止金融機構之間為爭奪資金來源而過度競爭，避免由於資金成本過高而使銀行風險增加。許多國家中央銀行將利率最高限額作為控制信用數量的重要手段之一。

(2) 信用配額。信用配額是指中央銀行根據金融市場的供求狀況及客觀經濟發展的運行態勢，權衡經濟發展客觀需要的輕重緩急，對銀行體系的信用規模加以分配與控制，從而實現其對整個信用規模的控制。例如，制定一國的產業政策，規定優先提供資金的順序；或者按資金需求的緩急，將有限的資金分配到最需要的部門；有的國家和地區還採取設立專項信貸基金的辦法，保證某種建設項目的需要。

(3) 流動性比率。流動性比率是中央銀行為了防止銀行體系出現流動性不足，除法律規定的法定存款準備金率之外，還對銀行體系的流動性資產對存款或其全部資產的比率予以明確規定。流動性比率管理保障了商業銀行的支付能力，在一定程度上降低了銀行體系的經營風險。

(4) 直接干預。直接干預是指中央銀行直接對商業銀行的信貸業務、放款範圍等加以干預。如對業務經營不當的商業銀行拒絕再貼現或實行高於一般利率的懲罰性利率，直接干涉商業銀行對存款的吸收等。

2. 間接信用控制

間接信用控制是指中央銀行採用非直接的控制方法對信用變動方向和重點實施間接指導。主要有道義勸告、窗口指導、金融檢查等。

(1) 道義勸告。道義勸告是指中央銀行運用自己在金融體系中的特殊地位和威望，對商業銀行及其他金融機構以公告、指示、會議或與金融機構負責人直接面談等方式，以使商業銀行及其他金融機構正確理解貨幣政策意圖，主動自覺地採取相應措施，配合貨幣政策的實施。

道義勸告的政策效果表現在可以避免強制性信用控制所帶來的逆反心理，有利於加強中央銀行與商業銀行及各金融機構間的長期密切合作關係。

(2) 窗口指導。窗口指導是指中央銀行根據市場行情、物價變動趨勢、金融市場動向、貨幣政策要求以及前一年度同期貸款的情況等，規定商業銀行每季度貸款的增

減額、信貸的重點投放方向及其規模等，以指導的方式要求其執行。窗口指導自身雖然不具有法律約束力，但是由於中央銀行對不接受指導者可以採取相應的制裁措施，因而對於金融機構還是具有較大的約束力。

（3）金融檢查。金融檢查是指中央銀行利用自己「銀行的銀行」的身分，不定期地對商業銀行和其他金融機構的業務經營情況進行檢查，看其是否符合法律規定，並將檢查結果予以公開，以監督商業銀行的金融活動。

從各國間接信用控制的實踐來看，道義勸告、窗口指導和金融檢查若要較好地發揮作用，必須要做到以下兩點：第一，中央銀行在一國金融體系中必須具有較高的權威性和地位，以及有足夠的信用控制的法律手段；第二，信貸機構必須對中央銀行具有一定的依賴性，其臨時性資金來源主要依賴於中央銀行。

四、貨幣政策的傳導機制

一定的貨幣政策工具引起社會經濟生活的某些變化，並最終實現預期的貨幣政策目標，就是貨幣政策的傳導機制。貨幣政策最終目標、仲介目標、政策工具之間存在著相互依存的密切的相關關係：當中央銀行確定了貨幣政策最終目標之後，必須根據最終目標的要求，制定出一些短期內可實現的又能影響貨幣政策最終目標的經濟指標，即仲介指標，並運用相應的貨幣政策工具來實現對這些仲介目標的調節，從而實現貨幣政策的最終目標。中央銀行運用貨幣政策工具影響仲介目標，進而實現最終目標的過程和途徑就是貨幣政策的傳導過程。這一過程是一個複雜的系統工程，通常是由中央銀行的貨幣政策開始，作用於商業銀行及其他金融機構，再由商業銀行和其他金融機構作用於企業、個人，企業、個人的行為再影響到市場，即產出、就業和物價水準等。例如，當中央銀行降低法定存款準備率時，商業銀行和其他金融機構的儲備就會增加，他們對企業或個人的貸款規模就會擴大，利率相對下降，而結果是企業產出增加，就業增加，物價水準也隨之發生變化。可見，貨幣政策的運用及產生政策效應，需要經過幾個環節的傳導過程，才能最終達到其宏觀調控的目的。

五、貨幣政策的有效性

貨幣政策有效性所研究的問題就是通過實施貨幣政策能否達到事先確定的貨幣政策最終目標。貨幣政策的有效性，既是指其增加就業、刺激經濟增長或抑制通貨膨脹的效應，又是指其抵禦經濟波動的能力。影響貨幣政策效果的因素主要包括貨幣政策時滯、微觀主體的預期、貨幣流通速度和其他經濟、政治因素的影響。

（一）貨幣政策時滯

貨幣政策時滯是指貨幣政策從研究、制定到實施後發揮實際效果全過程所經歷的時間。貨幣政策時滯可分為內部時滯和外部時滯。

內部時滯是指從政策制定到貨幣當局採取行動這段時間，可分為認識時滯和決策時滯。認識時滯是指中央銀行或其他政策制定當局通過分析物價、利率、投資等實際經濟變量的變動，認識到是否應採取行動所花費的時間；決策時滯是指中央銀行或其他政策制定當局從認清形勢到政策實際實施所需的時間。認識時滯和決策時滯是決策

機構花費的時間，因此稱為內部時滯。內部時滯的長短取決於貨幣當局對經濟形勢發展的預見能力、制定對策的效率和行動的決心等方面。

外部時滯是指從貨幣當局採取行動開始直到對政策目標產生影響為止的這段時間，可分為操作時滯和市場時滯。操作時滯是指從動用貨幣政策工具到其對仲介目標發生作用所耗費的時間；市場時滯是指從仲介指標發生反應到最終目標變量發生反應所需要耗費的時間。不論是貨幣供應量還是利率，它們的變動都不會立即影響到政策目標。比如，企業要擴大還是要縮減投資，首先要決策，其次要制訂計劃，最後付諸實施。因此，外部時滯主要由客觀的經濟和金融條件決定。

時滯是客觀存在的，時滯越長，貨幣政策的效果越難預料。假定政策的大部分效應需要較長的時間，在這段時間內，經濟形勢可能已經發生了很多變化，此時很難證明貨幣政策的預期效應是否已實現。時滯的存在可使政策決策時的意圖與實際效果脫節，從而不可避免地導致貨幣政策的局限性。

(二) 微觀主體的預期

理性預期學派認為，如果貨幣當局的政策被微觀經濟主體完全預期到，貨幣政策可能歸於無效。只有在貨幣政策的取向和力度沒有完全為公眾知道的情況下，才能生效或達到預期效果。例如，政府擬採取長期的擴張政策，人們通過各種信息預期到社會總需求會增加，物價會上漲。在這種情況下，工人會通過工會與雇主談判，要求提高工資；企業預期工資成本增加而不願擴展經營，最後的結果是只有物價的上漲而沒有產出的增長。由於貨幣當局不可能長期不讓社會知道它將要採取的政策，一項貨幣政策的提出，往往會使各種微觀經濟主體根據預測貨幣政策的後果從而很快地做出對策，這其中極少有時滯，所以理性預期會使貨幣政策失效。但實際的情況是，公眾的預測即使是非常準確的，實施對策即使很快，其效應的發揮也要有個過程。也就是說，貨幣政策仍可奏效，但微觀主體的預期會使其效應大打折扣。

(三) 貨幣流通速度

貨幣流通速度是指貨幣總量與整個經濟的名義總產出之間的聯繫。貨幣流通速度加快，流通中所需貨幣量就會減少；貨幣流通速度減慢，流通中所需貨幣量就會增加。而貨幣政策主要是通過增減貨幣供應量來實現其目標的，所以即使貨幣流通速度只發生了一次相當小的改變，如果貨幣當局沒能預見到貨幣流通速度的這種變化或預計出現了小的偏差，其決策就有可能使貨幣政策效果受到嚴重影響，甚至有可能使本來正確的政策走向反面。然而，在實踐中，對貨幣流通速度變動的估算很難做到不發生誤差，因為影響它發生變動的因素太多了，這當然也就限制了貨幣政策的有效性。

(四) 其他經濟、政治因素的影響

除以上因素外，其他外來因素、體制因素、政治因素等也會對貨幣政策效果有一定的影響，中央銀行在政策制定的操作過程中應予以統一考慮。例如，由於客觀經濟條件的變化，一項既定的貨幣政策出抬後總要持續一段時間，在這段時間內，如果生產和流通領域出現始料不及的情況，而貨幣政策又難以做出相應的調整時，就可能出現貨幣政策效果下降甚至失效的情況。

政治因素對貨幣政策效果的影響也是巨大的。由於任何一項貨幣政策方案的貫徹

都可能給不同階層、集團、部門或地方的利益帶來一定的影響，這些主體如果在自己利益受損時做出較強烈的反應，就會形成一定的政治壓力。當這些壓力足夠有力時，就會迫使貨幣政策進行調整。

本章思考題

1. 試述中央銀行產生的經濟背景。
2. 試述中央銀行的演進過程。
3. 如何認識中央銀行的性質？
4. 中央銀行的基本職能有哪些？
5. 中央銀行的業務有哪些？
6. 中央銀行貨幣政策目標體系的構成是什麼？
7. 試述貨幣政策最終目標和仲介目標的內容。
8. 中央銀行的一般性貨幣政策工具有哪幾種？它們分別是如何發揮作用的？各自的優缺點分別是什麼？
9. 選擇性政策工具主要包括哪些內容？
10. 試述影響中央銀行貨幣政策效果的主要因素。

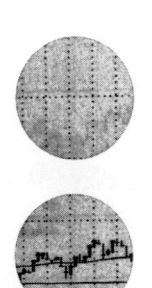

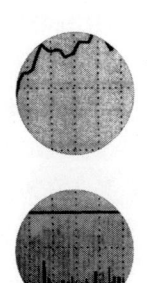

第五章　非銀行金融機構

第一節　其他非銀行金融機構概述

一、非銀行金融機構體系的概述

非銀行金融機構在整個金融仲介體系中是非常重要的組成部分，是辦理某類金融業務的金融機構，但名稱中沒有冠上「銀行」兩字。這類金融機構主要包括保險公司、證券公司、養老基金、投資信託類金融機構、合作金融機構、金融租賃公司、財務公司等。

非銀行金融機構與一般商業銀行一樣都是通過信用的方式進行融資性業務活動，主要目的是為了獲得利潤。其與商業銀行之間的區別是：①業務類型不同，商業銀行的主要業務是吸收存款和發放貸款，非銀行金融機構沒有存貸業務，主要是從事某一項金融業務，如保險公司經營保險業務，證券公司主要從事證券承銷、證券交易和證券服務的金融機構，金融公司是通過發行商業票據、股票和債券等來籌措資金；②商業銀行是信用創造機構，非銀行金融機構只是信用仲介，不能創造信用，不具備信用創造的功能。

二、非銀行金融機構的業務類型

(一) 基金管理公司

基金管理公司是指依據有關法律法規設立的對基金的募集、基金份額的申購和贖回、基金財產的投資、收益分配等基金運作活動進行管理的公司。個人投資者資金量有限，無法在證券市場上直接參與證券買賣，且個人直接參與投資的風險和成本都很大，因此需要基金管理公司來代替個人投資者。基金管理公司由中國證券監督管理委員會監督管理。

1. 基金管理公司的設立條件

設立基金管理公司，應當具備的條件是：①有符合《中華人民共和國證券投資基金法》和《中華人民共和國公司法》規定的章程；②註冊資本不低於 1 億元人民幣，且必須為實繳貨幣資本；③主要股東應當具有經營金融業務或者管理金融機構的良好業績、良好的財務狀況和社會信譽，資產規模達到國務院規定的標準，最近三年沒有違法記錄；④取得基金從業資格的人員達到法定人數；⑤董事、監事、高級管理人員具備相應的任職條件；⑥有符合要求的營業場所、安全防範設施和基金管理業務有關的其他設施；⑦有完善的內部稽核監控制度和風險控制制度；⑧法律、行政法規規定的和經國務院批准的國務院證券監督管理機構規定的其他條件。

2. 基金管理公司的主要業務

基金是一種間接的證券投資方式。基金管理公司通過發行基金單位，集中投資者的資金，由基金託管人（即具有資格的銀行）託管，由基金管理人管理和運用資金，從事股票、債券等金融工具投資，然後共擔投資風險、分享收益。

基金管理公司的主要職責有：發起、設立基金；對基金進行管理；按照基金契約規定對基金資金進行投資；對基金資金的投資狀況進行及時地公告；及時向基金持有人支付足額的基金收益等。

3. 投資基金的分類

第一，據組織形態的不同，投資基金可分為公司型基金和契約型基金。

公司型基金是指投資者為了共同投資目標而組成的以盈利為目的的股份制投資公司，並將形成的公司資產投資於有價證券的證券投資基金。公司型基金分為自營式公司型基金和他營式公司型基金，自營式公司型基金由基金公司本身對所募集的資本集合體進行經營管理；他營式公司型基金是指基金公司對募集的資本集合體本身並不營運，而是委託基金管理公司或投資顧問公司營運和管理的基金形式，是一種半組織化的資金集合體。

契約型基金是基金經理人與代表受益人權益的信託人之間通過一定的信託契約的形式組織的資產管理方式。契約型基金由基金投資者、基金管理人、基金託管人之間所簽署的基金合同而設立。契約型基金的優勢是法律關係明確清晰，監督約束機制完善，設立上比公司型基金更為簡單易行。

第二，根據基金單位是否可增加或贖回，可分為開放式基金和封閉式基金。

開放式基金是指發行的基金份額是可贖回的，需根據市場供求情況發行新份額或被投資人贖回。開放式基金不上市，銷售方式可以是基金公司直銷，也可以由代理機構銷售，發行規模固定不變，且投資者在基金的存續期間內可隨意申購基金份額，資金總額每日不斷地變化。開放式基金始終處於「開放」的狀態。這是開放式基金與封閉式基金的根本差別。

封閉式基金的基金發行規模固定，並且在基金發行完成後和其存續期限內規模都固定不變。每個國家對基金的存續期限均有明確規定，中國封閉式基金的存續期限一般不少於 5 年，在存續期限內已發行的基金份額不能被贖回。

第三，根據投資風險與收益的不同，投資基金可分為成長型、收入型和平衡型基金。

①成長型基金的投資目標是最大限度地實現增值，主要以長期增值的金融產品為投資目標，其投資對象主要是市場中有較大升值潛力的小公司股票和一些新興行業的股票。成長型基金很少分紅，將投資所得的股息、紅利等進行在投資，實現資本的長期增值。②收入型基金的投資目標是獲取當期收益，其投資對象主要是那些績優股、國債、可轉讓大額存單等收入比較穩定的有價證券，收入型基金一般成長性較弱，當下直接獲利，收益率低，但是風險較低，收入型基金一般適合於保守型投資者。③平衡型基金的投資目標是當期獲利，同時未來增值，因此基金資金一般分散投資，既投入穩定性的金融產品，又投資於成長性的金融產品，其風險和收益狀況介於成長型基金和收入型基金之間。

第四，根據投資對象的不同，投資基金可分為股票基金、債券基金、貨幣市場基金。

①股票型基金是指將基金資金投資於股票市場的基金，投資策略有價值型、成長

型、平衡型；②債券基金是指將基金資金投資於政府債券、企業債券、金融機構債券等，投資收益和風險類型屬於收入型；③貨幣市場基金是指投資一些期限較短的投資工具。

第五，按照基金資金的募集方式和資金來源，投資基金可以劃分為公募基金和私募基金。

公募基金是以公開的形式發行證券來籌集資金，私募基金是以非公開的形式發行證券的方式募集資金，目前，中國大多數基金屬於公募基金。

私募基金一般是封閉式基金，封閉期限一般為5年或者10年，組織機構屬於合夥制，不設立董事會，由合夥人負責日常管理和投資決策，基金募集的全體一般都是一些大的投資機構或者一些富人，因為投資規模大。對沖基金、風險投資基金都屬於私募基金。

第六，其他類型：對沖基金、風險投資基金、養老基金。

對沖基金屬於私募基金，針對的投資對象都是為追求高投資高收益的投資者，主要是將基金資金投入到期權、期貨等衍生金融工具，在市場上做投機活動。一類是利用宏觀經濟的波動進行套利活動，另一類是利用證券的相對價格進行投資。對沖基金最大的特點是暗箱操作、高度槓桿操作。

風險投資基金也屬於一種私募基金的形式，主要是將基金資金投入到未上市但未來成長前景的公司，作為創業企業的發展基金，尤其是科技型企業，通過投入資本直接參與企業的創業歷程，企業創業成功後獲取高資本增值。

養老基金屬於社會保障基金，主要用於養老金支付。養老基金通過發行基金股份或者收益憑證募集資金，將資金再投資於公司股票、債券等，以實現保值增值的目的。

（二）金融資產管理公司

金融資產管理公司是由國家出資組建的專門處理銀行不良資產的非銀行金融機構，具有特定的使命，一般業務寬泛。金融資產管理公司的主要業務有：①追償債務；②收購並經營銀行和金融機構的不良資產（含商業化收購）；③對所收購的不良資產進行租賃或者以其他形式轉讓、重組；④債權轉股權，並對企業階段性持股；⑤資產管理範圍內公司的上市推薦及債券、股票承銷。

（三）財務公司

財務公司是由企業集團組建的或者屬於商業銀行的附屬機構，主要是為集團內部成員提供金融服務，一般存款額較低，存款期限也有一定的要求，資本額較少。財務公司主要的模式有美國模式和英國模式，美國模式主要是為零售商提供融資服務；英國模式主要是依附於商業銀行，其組建的目的在於規避政府對商業銀行的監管。

財務公司主要的業務有：①負債業務，吸收成員單位3個月以上定期存款，發行財務公司債券，同業拆借；②資產業務，對成員單位辦理貸款及融資租賃，辦理集團成員單位產品的消費信貸、買方信貸及融資租賃，辦理成員單位商業匯票的承兌及貼現；③中間業務，對成員單位辦理財務顧問、信用鑒證及其他諮詢代理業務，承銷成員單位的企業債券，對成員單位提供擔保，辦理成員單位的委託貸款及委託投資；④外匯業務，境外外匯借款；⑤其他業務，經銀監會批准的其他業務。

中國的財務公司都是由企業集團內部集資組建的,其宗旨和任務是為本企業集團內部各企業籌資和融通資金,促進其技術改造和技術進步。中國第一家企業集團財務公司於 1987 年 5 月成立,目前全國能源電力、航天航空、石油化工、鋼鐵冶金、機械製造等關係國計民生的基礎產業和各個重要領域的大型企業集團幾乎都擁有了自己的財務公司。

(四) 信用合作社

信用合作社是一種互助合作性質的金融機構,由個人集資聯合組成的,依法辦理各項存款、貸款、結算等業務的非銀行金融機構。信用合作社主要是解決社員的資金需求,其基本的經營目標是以簡便的手續和較低的利率,向社員提供短期生產貸款和消費貸款,幫助經濟力量薄弱的個人解決資金困難,以免遭受高利貸盤剝。信用合作社的資金來源於成員交納的股金和會員與非會員的存款。

信用合作社按照地區的不同,分為城市信用合作社和農村信用合作社。①城市信用合作社是由城市的中小工商業、勞動者等社員組成的,主要經營業務有:為社員辦存款、貸款、匯兌、信息和諮詢,代辦保險和其他結算、代理、代辦業務,支持生產和流通,促進城市集體企業和個體工商戶經濟的發展,搞活城市經濟;②農村信用社是由農民、合作企業等社員組成的,農民或農村的其他個人集資聯合組成,以互助為主要宗旨的合作金融組織。農村信用社的主要業務有:辦理種植業的短期生產貸款,綜合辦理農林牧副漁和農村工商業及社員消費性的短期貸款,對農業生產設備、中小工商業提供中、長期貸款,提供抵押貸款,以不動產或有價證券擔保。信用合作社為集體所有制企業,是具有獨立法人地位的經濟實體,信用合作社實行獨立經營,由社員進行民主管理,盈利歸集體所有,按股金分紅。

信用合作社按照經營制度分為專營信用合作社和兼營信用合作社,專營信用合作社主要經營信用業務以及有關信用的附屬業務,兼營信用合作社除了信用業務以外,還兼營各種合作業務。按照社員和信用社的權責關係分為有限責任信用合作社、保證責任信用社和無限責任信用合作社,有限責任信用合作社社員的權利以社員認購的股份來確立,保證責任信用社以成員所認購的股份及保證金為限確定社員的責任,無限責任信用合作社社員對合作社的債權負責任。

第二節　保險公司

保險公司是專門經營保險或再保險業務的專業性金融機構。《中華人民共和國保險法》(以下簡稱《保險法》)第 2 條明確了保險的定義:「保險是指投保人根據合同約定,向保險人支付保險費,保險人對於合同約定的同約定,向保險人支付保險費,保險人對於合同約定的可能發生的事故因其發生所造成的財產損失承擔賠償保險金責任,或者當被保險人死亡、傷殘、疾病或者達到合同約定的年齡、期限時承擔給付保險金責任的商業保險行為。」其中的《保險法》中所說的保險人就是保險公司。保險公司的基本功能是分擔風險,發揮社會保障職能,因此具有其他金融機構不可替代的重要作用。

保險公司按照保險業務來劃分，主要可以劃分為財產保險公司和人壽保險公司；按照業務承包的方式不同劃分為原保險公司和再保險公司；按照經營目的劃分為商業保險和社會保險。

一、財產保險

財產保險是對財產及其相關利益因為自然災害或意外風險事故所造成的經濟損失進行補償的保險。財產保險既以有形物質為標的，也有以無形的損害賠償責任為和信用為保險標的。以有形物質為保險標的的稱為財產損失險，以損害賠償責任為保險標的的稱為責任保險，以信用為保險標的的稱為信用（保證）保險。

1. 財產損失險

財產損失保險是以物質財產為保險標的，對物質財產的損失進行補償的保險業務，其種類很多，這裡按照承保的對象進行分析。

（1）火災保險是指以存放在固定場所並處於相對靜止狀態的財產及其有關利益為保險標的的保險，由保險人承擔保險財產遭受保險事故損失的經濟賠償責任的一種財產保險。火災保險是一種傳統的保險業務。從保險業務來源角度看，火災保險是適用範圍最廣泛的一種保險業務，各種企業、團體及機關單位均可以投保團體火災保險；所有的城鄉居民家庭和個人均可投保家庭財產保險。

（2）貨物運輸保險是以運輸途中的貨物作為保險標的，保險人對由自然災害和意外事故造成的貨物損失負賠償責任的保險。主要的類型有海洋貨物運輸保險、陸上貨物運輸保險、航空貨物運輸保險。

（3）運輸工具保險專門承保包括機動車輛、船舶、飛機等各種以機器為動力的運輸工具的一種財產保險。運輸工具保險的險種主要有：機動車輛保險、船舶保險、飛機保險。其中機動車輛險按照保險責任劃分，車輛損失保險和第三者責任（強制）保險，第三者責任（強制）保險屬於法定責任保險範疇。

（4）工程保險是指以各種工程項目為主要承保對象的一種財產保險。20世紀80年代初在世界銀行貸款和「三資」建設項目中，工程保險作為工程建設項目管理的國際慣例之一被引入中國，工程保險在中國得以認同和發展。一般而言，傳統的工程保險僅指建築工程保險和安裝工程保險，但進入20世紀後，各種科技工程發展迅速，亦成為工程保險市場日益重要的業務來源。目前，工程保險的主要險種包括：建築工程保險、安裝工程保險、科技工程保險。

（5）特殊風險保險是指為特殊行業設計的各種保險，保險標的的特徵是高價值、高風險、高技術（其中高技術是指特殊風險保險承保、理賠的技術含量較高）。其主要的類型有航空保險、航天保險、核電站保險和海洋石油開發保險。

（6）農業保險是專為農業生產者在從事種植業、林業、畜牧業和漁業生產過程中，對遭受自然災害、意外事故疫病、疾病等保險事故所造成的經濟損失提供保障的一種保險。由於農業發展的特殊性，農業保險的發展各國通常採用的方式有：①美國、加拿大模式——政府主導參與型；②日本模式——政府支持下的社會互助；③西歐模式——政府資助的商業保險；④發展中國家模式——政府重點選擇性扶植。中國政策

性農業保險的基本經營模式還是將業務委託給商業性保險公司來做，政府給予一定的補貼。

2. 責任保險

責任保險是以被保人依法應承擔的民事損害賠償責任或經過特殊約定的合同責任為保險標的的保險，責任保險的承保分式有兩種：一是作為各種財產保險合同的組成部分或者附加險承保；二是單獨承保，保險人單獨簽發保險合同，單獨承保的責任保險的類型有：公眾責任保險、產品責任保險、雇主責任保險、職業責任保險。

（1）公眾責任保險是指主要承保被保險人在公共場所進行生產、經營或其他活動時，因發生意外事故而造成的他人人身傷亡或財產損失，依法應由被保險人承擔的經濟賠償責任。該險種適用的公眾活動場所有工廠、辦公樓、旅館、住宅、商店、醫院、學校、影劇院、展覽館等。

（2）產品責任險是指當被保險人因其產品存在缺陷致使第三人人身傷亡或財產損失依法應當承擔損害賠償責任時，由保險人承擔賠償責任的保險。該險種適應的被保險人有製造商、銷售商、修理商和承運商。

（3）雇主責任保險是指被保險人即雇主的雇員在受雇期間從事業務時，因遭受意外導致傷、殘、死亡或患有與職業有關的職業性疾病而依法或根據雇傭合同，應由被保險人承擔的經濟賠償責任為承保風險的一種責任保險。主要承保被保險人（雇主）的過失行為所致的損害賠償，或者將無過失風險一起納入保險責任範圍。

（4）職業責任保險是指各種專業技術人員在從事職業技術工作時，因疏忽或過失造成合同對方或他人的人身傷害或財產損失所導致的經濟賠償責任為承保風險的責任保險。該險種的承保方式是期內索賠式和期內發生式。

3. 信用（保證）保險

保證保險是由保險人作為保證人為被保證人向權利人提供擔保的一類保險業務，被保證人在信用借貸或銷售合同關係中因一方違約可能造成的經濟損失而進行的保險，該險種承保的標的是信用風險。信用（保證）保險的類型有保證保險和信用保險。

保證保險是被保證人根據權利人的要求投保自己信用的一種保險。保證保險主要分為三類：合同保證保險、忠實保證保險、商業信用保證保險。信用保險是權利人要求保險人擔保對方的信用狀況。常見的有出口信用保險和投資保險等。

二、人身保險

人身保險是以人的生命和身體為保險標的的保險。人身保險的類型有人壽保險、健康保險和意外傷害保險。

1. 人壽保險

人壽保險是以被保險人的壽命為保險標的，且以被保險人的生存或死亡為給付條件的人身保險。與其他保險不同的是，人壽保險轉嫁的是被保險人的生存或者死亡的風險。人身保險包括死亡保險、生存保險、兩全保險。

（1）死亡保險。死亡保險是以被保險人在保險期內死亡或終身死亡為保險金給付條件的人壽保險，若被保險人在保險期間死亡，則不能主張收回保險金，亦不能收回

已交保險費。如果是有期限的死亡保險為定期死亡保險，不限定期限的為終身死亡保險。

（2）生存保險。生存保險是以被保險人於保險期限滿或者達到一定年齡時仍然生存為給付條件的一種人壽保險。生存保險主要是為老年人提供養老保障或者為子女提供教育金等。因此，生存保險以儲蓄為主，亦被稱為儲蓄保險。生存保險由於被保人一旦身故保費就不再退還，導致投保顧慮，所以衍生出了很多險種。例如，確定給付的生存保險等。

（3）兩全保險。兩全保險，又稱生死合險，是指被保險人在保險合同約定的保險期內死亡，或在保險期屆滿仍生存時，保險人按照保險合同約定均應承擔給付保險金責任的人壽保險。兩全保險的死亡保險金和生存保險金可以不同，當被保險人在保險期間內死亡時，保險人按合同約定將死亡保險金支付給受益人，保險合同終止；若被保險人生存至保險期間屆滿，保險人將生存保險金支付給被保險人。

2. 健康保險

健康保險是以人的身體作為保險標的，在被保險人因疾病或意外事故所導致的醫療費用支出或收入損失時，保險人承擔賠償責任的一種人身保險。健康保險按照保險責任，分為疾病保險、醫療保險、收入保障保險等。目前市場的長期健康壽險主要是以附加險形式，健康險本身不帶有返還功能，但是在綜合保障計劃的產品組合中，由於主險仍帶有分紅性質或返還功能，實際上實現了返還效果。同時，作為附加險的健康險可借用主險（通常指壽險）的費用，降低費率。

3. 意外傷害保險

意外傷害保險是指意外傷害而致身故或殘疾從而給付保險金條件的人身保險。意外是被保險人事先沒有預見到傷害的發生，或者傷害的發生是被保險人事先能夠預見到的，但由於被保險人的疏忽而沒有預見到；傷害的發生違背被保險人的主觀意願。傷害亦稱損傷，是指被保險人的身體受到侵害的客觀事實。在自遭受意外傷害之日起的一定時期內造成死亡、殘疾、支出醫療費或暫時喪失勞動能力，則保險人給付被保險人或其受益人一定量的保險金。

三、再保險

再保險也稱分保，是保險人在原保險合同的基礎上，通過簽訂分保合同，將其所承保的部分風險和責任向其他保險人進行保險的行為。通過對原保險的分保，可以分散風險，避免危險過於集中。根據中國《中華人民共和國保險法》規定，保險公司對每一危險單位，即對每一次保險事故可能造成的最大損失範圍所承擔的責任，不得超過其實有資本金加保費總和的10%，超過的部分，依法應當辦理再保險。目前中國現在已經形成了人壽、財產和再保險的保險機構體系。

四、存款保險

存款保險作為一種金融保障制度，是指由符合條件的各類存款性金融機構集中建立一個保險機構。當存款金融機構發生經營危機或面臨破產倒閉時，存款保險機構向

其提供財務救助或直接向存款人支付部分或全部存款，從而保護存款人利益，維護銀行信用，穩定金融秩序的一種制度。

存款保險制度始於20世紀30年代的美國，聯邦存款保險公司（FDIC）作為一家為銀行存款保險的政府機構於1934年成立並開始實行存款保險，保障銀行體系的穩定。1934年1月1日，美國正式實施聯邦存款保險制度。20世紀50年代，隨著經濟形勢和金融制度、金融創新等的不斷變化和發展，美國存款保險制度不斷完善，尤其是在金融監管檢查和金融風險控制和預警方面，存款保險制度成為美國金融體系及金融管理的重要組成部分。20世紀60年代中期，隨著金融業日益自由化、國際化的發展，金融風險明顯上升，絕大多數西方發達國家相繼在本國金融體系中引入存款保險制度，印度、哥倫比亞等部分發展中國家也進行了這方面的有益嘗試。2013年，中國人民銀行在《2013年金融穩定報告》中提到當前建立存款保險制度已經形成共識，可以擇機出抬並組織實施。中國的保險存款制度將由中央人民銀行設立保險基金，每個銀行帳戶的保險上限或初定為50萬元。

五、社會保險

社會保險是社會保障體系的重要組成部分，其在整個社會保障體系中居於核心地位。社會保險是國家通過立法強制性實施的，主要對勞動者的年老、疾病、傷殘、失業、生育等原因造成的損失進行補償的一種社會和經濟制度。中國社會保險的主要項目包括養老保險、醫療保險、失業保險、工傷保險、生育保險。

社會保險具有強制性，保險計劃由政府舉辦，社會保險的基金來源是屬於交費性質的，來源主體有三方，用人單位和勞動者本人繳納，政府財政給予補貼並承擔最終的責任。被保險人履行了法定的交費義務並在符合法定條件的情況下，可以從保險中獲得固定的收入或損失的補償，社會保險是一種再分配制度，它的目標是保證物質及勞動力的再生產和社會的穩定。

第三節　證券公司

證券公司是指依照公司法規定設立的並經國務院證券監督管理機構審查批准而成立的專門經營證券業務，具有獨立法人地位的金融機構。在美國，證券公司被稱為投資銀行。投資銀行是在資本市場上為企業發行債券、股票，籌集長期資金提供仲介服務的金融機構。

一、證券公司類型

證券公司按照業務經營劃分為經紀類證券公司和綜合類證券公司。

（一）經紀類證券公司

經紀類證券公司指只能從事單一的經紀業務的證券公司，經紀類業務有代理買賣證券業務；代理證券的還本付息、分紅派息；證券代保管、鑒證；代理登記開戶。根據《中華人民共和國證券法》規定，設立經紀類證券公司應具備的條件如下：

（1）經紀類證券公司註冊資本最低限額為人民幣5,000萬元；

（2）經紀類證券公司的主要管理人員和業務人員必須具有證券從業資格，其從業人員業務素質的優劣，直接決定著證券市場的交易秩序和證券交易的效率；

（3）經紀類證券公司必須要有固定的經營場所和合格的交易設施；

（4）經紀類證券公司要有健全的管理制度。

（二）綜合類證券公司

綜合類證券公司是可以經營證券經紀業務、證券自營業務、證券承銷業務以及經國務院證券監督管理機構核定的其他證券業務的證券公司。其必須具備的條件有：註冊資本不得低於5億元人民幣；主管管理人員和業務人員必須具有證券從業資格；有固定的經營場所和合格的交易設施；有健全的管理制度和規範的自營業務與經紀業務分業管理的體系。

二、證券公司業務

（一）證券承銷業務

證券承銷業務是投資銀行和證券公司最基本的業務，證券承銷是指在證券公司（或投資銀行）接受發行人的委託在發行市場（一級市場）上代為銷售證券，並以此獲得承銷手續費收入的一種業務。

根據證券經營機構在承銷過程中承擔的責任和風險的不同，承銷又可分為包銷、投標承購、代銷、贊助推銷四種方式。①包銷是指由承銷機構買下全部或銷售剩餘部分的證券，承擔全部銷售風險，適用於那些資金需求量大、社會知名度低而且缺乏證券發行經驗的企業；②投標承購是指承銷機構通過參加投標承購證券，再將其銷售給投資者，該種方式在債券（特別是國債發行）中較為常見；③代銷是指承銷機構只接受發行者的委託，代理其銷售證券，如在規定的期限內發行的證券沒有全部銷售出去，則要將剩餘部分返回給證券發行者，發行風險由發行者自己承擔；④贊助推銷是指當發行公司增資擴股時，主要針對的是現有股東，但是現有股東不一定都購買，為防止銷售困難而造成的不能及時籌集資金，發行公司委託承銷機構先對現有股東做工作，將風險轉嫁給承銷機構。

（二）證券經紀業務

證券經紀業務是指投資銀行或證券公司在證券二級市場（交易市場）上作為經紀商從事代理證券買賣業務，以獲得佣金收入。在證券經紀業務中，包含的要素有：委託人、證券經紀商、證券交易所和證券交易對象。

1. 證券經紀商

證券經紀商是指接受客戶委託、代客買賣證券並以此收取佣金的中間人。證券經紀業務是證券公司的基礎業務，由於證券交易的特殊性，證券交易所席位有限，因此廣大的投資者不能直接進入證券交易所內進行買賣，必須委託證券經紀商代為其進行交易，證券經紀商是證券市場的中堅力量。

在中國，代理證券買賣的程序是：開戶→委託→委託買賣審查→申報與成交→清算與交割。

證券經紀商的作用如下：

（1）充當證券買賣的媒介。證券經紀商遵照客戶發出的委託指令進行證券買賣，盡可能使委託指令得以執行，但整個買賣過程中，證券經紀商不承擔任何價格風險，證券經紀商通過收取佣金賺取收益。

（2）提供諮詢服務。證券經紀商由於長期從事證券經營業務，因此對證券市場信息掌握的比一般投資者更多，證券經紀商也設有專門的證券研究機構，以自身專門的優勢為一般投資者提供諮詢服務。

2. 證券交易所

證券交易所是為證券集中交易提供場所和設施，組織和監督證券交易，實行自律管理的法人。證券交易所是二級市場的主體，具有獨立法人結構，但自己不參與證券買賣。

第一，從世界各國的情況看，證券交易所的組織形式有公司制的營利性法人和會員制的非營利性法人，這兩種證券交易所均可以是政府或公共團體出資經營，也可以私人出資經營，或者政府與私人共同出資經營。

①公司制證券交易所是由銀行、信託機構公司共同組建的，以營利為目的，提供交易場所和服務人員，以便利證券商的交易與交割的證券交易所。公司制證券交易所主要通過收取發行公司的上市費與證券成交的佣金來獲取收入，交易所本身不能參與市場交易。

在公司制證券交易所中，總經理負責日常事務，總經理向董事會負責，董事會進行決策，監事會負責審查年度決算報告及監察業務，檢查一切帳目等。

②會員制證券交易所是以會員協會形式成立的，旨在提供證券集中交易服務的非營利法人。國際上許多著名證券交易所，都曾採取會員制組織形式。中國的上海證券交易所和深圳證券交易所都實行的是會員制。這種組織方式的交易所是交易成本低，有利於交易的活躍。但是會員本身就是證券的交易者，因而在股票交易中難免出現交易的不公正性。

第二，國內外證券交易所的介紹如下：

①紐約證券交易所，簡稱紐約證交所，是世界上第二大證券交易所，是世界性的證券交易所，接受外國公司掛牌上市，但是，外國公司上市條件比美國國內公司更嚴格。紐約證券交易所曾是最大的交易所，直到1996年，它的交易量被納斯達克超過。2015年上半年，有42家企業在紐約證券交易所上市，IPO融資總額達120億美元，交易總額達940億美元。

②納斯達克證券市場（NASDAQ），由全美證券交易商協會（NASD）創立並負責管理。納斯達克始建於1971年，是全球建立的第一個電子交易市場，目前納斯達克是全美也是世界最大的股票電子交易市場。納斯達克股票交易採取的是做市商制，投資者使用自有的資本買賣掛牌交易的股票，每一個做市商都會制定一個場內交易員，交易員負責在場內一只股票的所有交易。

③東京證券交易所創立於1878年5月，目前與大阪證券交易所、名古屋證券交易所並列為日本三大證券交易所，其市場規模位居世界前三，同時也是日本最重要的經

濟中樞。在東京證交所上市的海外企業相當少，基本上以日本的企業為主。

④倫敦證券交易所是歐洲最大的證券交易所，是全球四大證券交易所之一。作為世界上最頂尖的金融中心，倫敦證券交易所扮演著中心角色。倫敦證交所運作世界上最強的股票市場，其外國股票的交易超過其他任何證交所。

⑤上海證券交易所成立於 1990 年 11 月 26 日，同年 12 月 19 日開業，組織形式為會員制，是不以營利為目的的法人，歸屬中國證監會直接管理。其主要職能包括：提供證券交易的場所和設施；制定證券交易所的業務規則；接受上市申請，安排證券上市；組織、監督證券交易；對會員、上市公司進行監管；管理和公布市場信息。

⑥深圳證券交易所成立於 1990 年 12 月 1 日，於 1991 年 7 月 3 日正式營業，是為證券集中交易提供場所和設施，組織形式為會員制，且會員制不以營利為目的，主要職責是組織和監督證券交易，由中國證監會直接監督管理。主要職能包括：提供證券交易的場所和設施；制定本所業務規則；接受上市申請、安排證券上市；組織、監督證券交易；對會員和上市公司進行監管；管理和公布市場信息；中國證監會許可的其他職能。

⑦香港證券交易所，香港最早的證券交易可以追溯至 1866 年。香港第一家證券交易所——香港股票經紀協會於 1891 年成立，1914 年易名為香港證券交易所，到 20 世紀 60 年代後期，香港原有的一家交易所已滿足不了股票市場繁榮和發展的需要，1969 年以後，相繼成立了遠東、金銀、九龍三家證券交易所，香港證券市場進入四家交易所並存的「四會時代」。1986 年 3 月 27 日，四家交易所正式合併組成香港聯合交易所。2000 年 3 月 6 日，香港交易及結算所有限公司成立，全資擁有香港聯合交易所有限公司、香港期貨交易所有限公司和香港中央結算有限公司三家附屬公司。

香港交易所是唯一經營香港股市的機構，在未得財政司司長同意下，任何個人或機構不得持有香港證券交易所超過 5%的股份。

（三）證券自營業務

證券自營業務是指證券公司用自有資金以自己的名義買賣證券來獲取利潤的證券業務，能從事證券自營業務的只有綜合類證券公司。證券自營業務按照交易場所的不同可以分為場內和場外自營買賣交易。場外自營買賣是指證券公司與客戶直接洽談成交的證券交易；場內自營買賣是證券公司在證券交易所內買賣證券。中國的證券自營業務，一般是指場內自營買賣業務。在中國，證券自營業務專指證券公司為自己買賣證券產品的行為。買賣的證券產品包括在證券交易所掛牌交易的 A 股、基金、認股權證、國債、企業債券等。

（四）項目融資業務

項目融資業務是指為資源開發、基礎設施建設等大型工程項目籌集資金，投資銀行（證券公司）在項目融資過程中提供的各種服務性業務。項目融資的擔保條件或者利息來源於項目未來的現金流量和項目本身的資產價值。項目融資一般是為項目建設單獨設立一個公司，公司獨立建帳、自主經營、自負盈虧。公司資本主要來源於項目發起人直接投入的資金或認購的股份。

第四節　信託公司

信託公司是以信任委託為基礎，以貨幣資金和實物財產的經營管理為形式，根據客戶的不同需求和約定，代理客戶管理、經營各種金融資產和財產的多邊信用為主的非銀行金融機構。信託公司一般代為管理和運用的信託財產期限長，因此只有長期進行管理和運用，才有必要採取信託的方式，信託財產一般進行長期投資。

一、信託的基本內容

信託是指委託人將其財產權委託給受託人，基於對受託人的信任，由受託人按委託的意願以自己的名義，為受益人的利益或者特定目的進行管理或者處分的行為。信託是一種特殊的財產管理制度和法律行為，同時又是一種金融制度。信託是一種理財方式，與銀行、保險、證券一起構成了現代金融體系。

（一）信託基本要素

1. 信託主體

信託業務是一種以信用為基礎的法律行為，一般涉及三方面當事人，即投入信用的委託人，受信於人的受託人，以及受益於人的受益人。

（1）委託人是信託關係的創設者，委託人提供信託財產，確定誰是受益人以及受益人享有的受益權。指定受託人、並有權監督受託人實施信託。

（2）受託人一般就是信託投資公司，主要是接受委託人的委託，對委託人的信託財產進行管理和處分。受託人有依照信託文件的法律規定管理好信託財產的義務。在中國受託人是特指經中國銀監會批准成立的信託投資公司，屬於非銀行金融機構。

（3）受益人是在信託中享有信託受益權的人，可以是自然人、法人、或依法成立的其他組織。公益信託的受益人則是社會公眾。

2. 信託行為

信託行為是指以設立信託為目的而發生的一種法律行為。在建立信託關係時，使信託具有法律效力而履行的一種手續。

（1）信託約定是信託行為的依據。信託行為的發生必須由委託人和受託人進行約定。信託關係的成立必須有相關的信託關係文件作保證。必須有當事人的真實意願表示，體現形式主要有三種：即書面合同、個人遺囑、法院的裁決書。

（2）信託目的是通過信託行為所要達到的目的。信託目的由委託人提出並在信託契約中寫明，受託人必須按照委託人提出的信託目的去管理、運用、處分信託財產。

（3）信託的運作：委託人提出信託行為，要求受託人代為管理或處理其信託財產，並以自己的名義按委託人所提出的要求將信託財產利益轉移給受益人，受益人享受信託財產利益。

（4）信託報酬是受託人承辦信託業務所取得的報酬。它是按信託財產的信託收益的一定比率收取的，依據信託合同而定。

（5）信託結束是指信託行為的終止。信託行為的終止條件有：必須是信託文件約

定的終止條件發生；信託的存續違反信託目的；信託目的已經實現或不能實現；信託當事人協商同意；信託被撤銷和被解除。信託行為的結束不會因為委託人或者受託人的死亡、喪失民事行為能力，被依法解散、撤銷或宣告破產而終止，也不會因受託人的辭任而終止。

3. 信託客體

信託客體主要是指信託財產，信託財產是委託人通過信託行為轉給委託人，由委託人代為管理的財產。

（1）信託財產的範圍。信託財產必須是可計算價值；可以轉讓；具有獨立性，信託財產必須是委託人自有的、可轉讓的合法財產。限制流通的財產須依法經有關主管院批准後，可作為信託財產。在建立信託關係時，必須將信託財產權轉移，財產權是指以財產上的利益為標準的權利，可以用金錢來計算價值的財產權，如物權、債權、專利權、商標權、著作權等，都可以作為信託財產。

（2）信託財產的特殊性。受託人必須將信託財產與固有財產區別管理，分別記帳，不得將其歸入自己的固有財產。信託財產獨立於受益人的自有財產，受益人雖然對信託財產享有受益權，但這只是一種利益請求權，在信託存續期內，受益人並不享有信託財產的所有權。

信託關係建立之後，委託人死亡或依法被解散，依法被撤銷，或被宣告破產時，當委託人是唯一受益人時，信託終止，信託財產作為其遺產或清算財產；當委託人不是唯一受益人的信託存續，信託財產不作為其遺產或清算財產。

在信託期內，由於信託財產的管理運用，信託財產的形態可能發生變化，呈現多種形態，但它仍是信託財產，其性質不發生變化。

（二）信託的特點

1. 以信託財產為中心

信託關係的產生、建立都是以信託財產為基礎的，沒有信託財產，信託關係就喪失了存在的基礎，在信託關係設立時，委託人必須將財產權轉移給受託人，這是信託制度與其他財產制度的根本區別。

2. 信託財產核算的獨立性

信託行為是信託公司為了受益人的利益而處理財產，受託人並不獲取任何信託財產產生的收益，信託關係建立時將財產權已經全部轉移，因此信託財產的核算必須和委託人、信託公司的自有財產進行獨立核算。信託機構的收益來源是信託業務報酬。

3. 經營、服務方式的多樣性

信託機構為財產所有者提供廣泛有效的服務是信託的首要職能和唯一宗旨，信託機構把管理、運用、處分、經營財產的作用體現在業務中，信託機構從事多項業務，如委託、代理、租賃、諮詢等，因此信託公司與銀行業、保險業、證券業既有聯繫又有區別。

二、信託公司的業務

信託公司是經營信託業務的金融機構。信託公司以信任委託為基礎、以貨幣資金

和實物財產的經營管理為形式，提供融資和融物相結合的多邊信用業務。信託業務主要有：①信託業務類包括：信託存款、信託貸款、信託投資、財產信託等；②委託業務類包括：委託存款、委託貸款、委託投資；③代理業務類包括：代理發行債券和股票、代理收付款項、代理催收欠款、代理監督、信用簽證、代理會計事務、代理保險、代保管、代理買賣有價證券；④租賃業務類包括：直接租賃、轉租賃、代理租賃、回租租賃等；⑤諮詢業務類包括：資信調查、商情調查、投資諮詢、介紹客戶、金融業務諮詢等。

1. 信託存款與銀行存款

信託存款是信託機構按照委託人的要求，為特定目的吸收進來代為管理的資金，是信託機構經營業務的重要資金來源。信託存款的類型有普通信託存款和特約信託存款，普通信託存款存款人不指定存款用途，而特約信託存款存款人指定投資或者貸款範圍、對象、受益方法。信託存款與一般銀行存款不同。

（1）存款主體不同。信託存款主體是財政部門、企業主管部門、勞動保險機構、科研單位及各種學會和基金會；辦理一般存款企業、機關、團體和個人都可以，存款主體範圍更廣。

（2）資金來源不同。信託存款資金的來源既不是社會生產和流通資金中暫時閒置的部分，也不是國家預算內資金，而是存在於生產流通環節之外，可由其自主支配的一部分社會閒置或機動資金；一般存款資金來源則比它要寬泛得多，也沒有範圍的限制。

（3）經營機構業務範圍不同。信託存款既可以在銀行及其分支機構辦理，也可以在金融信託投資機構辦理；而一般存款只能在銀行及其分支機構辦理。

（4）存款期限不同。信託存款存期較長，不能隨意提取本金，存款期限是定期的，都在1年以上。一般存款的存款期限則靈活多樣，不受限制。

2. 信託貸款與委託貸款

信託貸款是指受託人接受委託人的委託，將委託人存入的資金，按指定的對象、用途、期限、利率與金額等發放貸款，並負責到期收回貸款本息的一項金融業務。委託貸款是指信託機構按委託人的委託，按指定的對象、用途、期限、利率與金額等發放貸款，貸款資金來源是特約信託存款，信託機構只負責辦理貸款的審查發放、監督使用、到期收回和計收利息等事項，不負盈虧責任，只按契約規定收取一定的手續費。信託貸款與委託貸款的不同點有：

（1）資金性質不同。委託貸款只是在資金的運用上改變了形式，委託人和用款單位之間的借貸關係變為金融信託機構與受益人之間的信用關係，但這並未改變資金原來的性質；信託貸款是金融信託機構將吸收的信託存款和自有資金，自行選定項目和對象發放貸款，但必須保證受益人的利益，和一般的銀行貸款類似，貸款的實質改變了原來資金的性質和用途。

（2）對信貸計劃影響的程度不同。委託貸款是金融信託機構受委託人的委託，代為運用委託資金，貸款多為一次性的，信用規模擴張的程度也較小，沒有創造信用貨幣的作用。信託貸款則為多次的貸放與收回，資金不斷週轉使用，對信用規模和信貸

計劃影響的程度較大。

（3）管理方法不同。由於委託貸款的信用擴張程度小，因此國家對委託貸款管理較鬆；信託貸款類似於銀行貸款，所以管理比較嚴格。

（4）承擔的風險不同。委託貸款業務主要依據委託單位所指定的資金用途、對象等發放貸款，金融信託機構主要責任是監督款項使用情況，負責貸款到期時催還；信託貸款的發放和收回均由金融信託機構自主辦理，所以要由自己承擔貸款的風險和經濟損失。

3. 信託投資與委託投資

信託投資是金融信託投資機構用自有資金及吸收的信託資金，以投資者身分代表直接參與對企業的投資；委託投資是信託機構受委託人委託，以其交存的資金向指定的單位、項目進行投資，並負責監督資金的使用和利潤的分配。

信託投資與的委託投資業務有兩點不同：①資金來源不同。信託資金的資金來源於信託投資的自有資金和信託投資的資金，資金來源更加穩定，週期更長；委託投資的資金來源是委託人提供的資金，資金規模和週期都會受到一定的限制，因此投資的金融產品受限。②收益分配不同。信託投資中，信託投資公司直接參與投資企業經營成果的分配，並承擔相應的風險；委託投資中，信託投資公司通過收取手續費的形式獲取報酬，不直接參與投資企業的收益分配，對投資效益也不承擔經濟責任。

第五節　金融租賃公司

金融租賃公司是辦理融資租賃業務的非銀行金融機構。金融租賃是指由出租人根據承租人的請求，出租人根據合同約定購買承租人指定的固定資產，然後按照租賃合同的約定出租給承租人，承租人以支付租金為條件，出租人擁有該固定資產的所有權，承租人將擁有固定資產的使用權和收益權。

一、金融租賃的基本內容

金融租賃是現代租賃的一種基本形式。金融租賃整個過程包括融物和融資的信用形式。金融租賃是指出租人以融通資金為直接目的，通過租賃技術設備，將屬於資產所有權上的一切風險和報酬轉移給承租人的一種租賃。固定資產的所有權，租賃結束時可以轉移也可以不轉移。

（一）金融租賃的基本要素

金融租賃是集貿易、金融、租借為一體的一項綜合性金融產品。出租人提供給承租人的不同於傳統的租賃服務，其中包含金融服務，通過租賃的過程，對承租人提供了資金的融通，既是對金融的創新，也是對貿易的創新。融資租賃的基本要素可以簡要概括為「兩個合同、三方當事人、四個支柱」。

1. 兩個合同

在金融租賃過程中，有兩個合同：一個是租賃合同，另一個是租賃物件購貨合同。租賃合同確定融資收益，合同的當事人是出租人和承租人；購貨合同確定融資成本，

合同當事人是出租人和供貨商，兩個合同牽制了三方當事人的權利和義務。金融租賃合同是不可隨意撤銷的合同。一般情況下，當事人無權取消合同。

2. 三方當事人

金融租賃過程包括三方當事人——出租人、承租人和供貨商。出租人、承租人、供貨商三方當事人的權利和義務是在兩個合同中交叉體現的。在租賃合同中，出租人的權利是收取租金，承租人的義務是承擔租賃物的瑕疵風險，同時承擔對設備的質量、規格、數量及技術上的檢定驗收等，負責並分期支付租金和利息。在購買合同中，出租人的義務是支付租賃物的貨款，承租人行使買方的租賃物件選擇權，一般租賃物件的選擇是按照承租人和出租人提前約定的選擇。但是每一個當事人的地位不是確定的，有時出租人同時擔當供貨商，承租人有時擔當供貨商的角色，還有時承租人同時擔當出租人。

3. 四個支柱

金融租賃市場健康有序的發展需要法律法規、會計準則定、稅收優惠政策、監管制度四個支柱的支撐。沒有法律保障，租賃業務難以正常開展；會計準則是確定租賃物租賃過程中租金的支付以及稅收政策的執行；沒有稅收上的優惠，融資租賃成本高，沒有吸引力；監管制度是保證融資租賃的有序發展的基礎。中國於 2014 年 3 月頒布了《金融租賃公司管理辦法》，目前中國四大支柱的建設基本完善，租賃的政策環境也會隨之得到改善，金融租賃市場將發展得更迅速，促進企業生產和金融市場的發展。

（二）金融租賃的特徵

1. 金融租賃涉及三方當事人，需簽訂兩個或兩個以上的經濟合同

金融租賃既涉及租賃關係，還涉及租賃物的供應關係，因此涉及的合同有租賃合同和購貨合同。特殊情況下，還需簽訂其他經濟合同。涉及的當事人有承租人、出租人、供貨商。

2. 承租人對租賃物和供貨商具有選擇的權利和責任

在傳統的租賃過程中，出租人有什麼貨物、出租什麼貨物，承租人沒有選擇的權利，金融租賃的設備和生產廠、供貨商均由承租方選定，出租方只根據承租方的要求出資購買租賃物。

3. 租賃設備的所有權與使用權分離

在租賃合同期限內，出租人擁有租賃物的所有權，承租人在合同期內交付租金只能取得對租賃物的使用權。

4. 承租人要分期支付租金以償付本息

金融租賃是融資和融物相結合的交易，金融租賃是一種信用方式，承租人按照租賃合同約定分期支付租金，合同到期時支付利息。

5. 租賃期滿

租賃到期時，傳統租賃的租賃物一般歸還給出租人，金融租賃合同期限到期，租賃物的處理是續租、留購、退租，選擇的方式一般在租賃合同中註明。

二、金融租賃公司的業務類型

金融租賃公司是指以經營融資租賃業務為主的非銀行金融機構，在中國，金融租

賃公司是由中國銀行保險業監督管理委員會批准成立並進行監督的,未經批准的,任何單位和個人不得經營融資租賃業務或在其名稱中使用「金融租賃」字樣,法律法規另有規定的除外。西方國家的租賃公司主要有三種類型:金融機構型租賃公司、廠商機構型租賃公司、獨立機構型租賃公司。其中,金融機構型租賃公司是指從事金融租賃業務的銀行或者非銀行金融機構。

(一) 簡單融資租賃

簡單融資租賃是指出租人通過對租賃項目風險評估後,出租租賃物件給承租人使用,在租賃物件取得的過程中,出租人全額購買承租人選定的租賃物件,按照固定的利率和租期出租給承租人,承租人按期支付租金,並負責維修和保養租賃物件,期滿結束後出租人以名義價格將租賃物件所有權賣給承租人。

在簡單融資租賃過程中,出租人為承租人購買租賃設備全額支付資金,購買設備支付的資金要從承租人那裡通過租金的方式全部收回。租金的具體支付類似於銀行貸款的還款方式,出租人按照約定的租期固定收取租金,完全不考慮承租人的現金流是否能與此匹配,也不考慮產品生產發生的風險和變化。在整個承租過程中,承租人承擔著融資、租賃投資的風險租賃設備日常的維護與保養由承租人負責,當租賃期滿時,出租人以名義價格或無償地將租賃物件的所有權轉移給承租人。

(二) 融資轉租賃

轉租賃業務,又稱轉融資租賃,是指以同一物件為標的物的多次融資租賃業務。轉租賃涉及的當事人最少有四個人,包括設備供應商、第一出租人、第二出租人、第一承租人、第二承租人。整個租賃過程涉及的合同有購貨合同、租賃合同、轉讓租賃合同,其中轉讓租賃合同是第一承租人和第二承租人簽訂的,第一租賃合同是下一租賃合同的出租人,稱為轉租人,轉租人以收取租金差為目的,轉租賃人可以不動用自己的資金而通過發揮類似融資租賃經紀人的作用而獲利。

融資轉租賃期限屆滿,租賃資產的所有權可以轉移給承租人,承租人有權以低價購買租賃資產,原承租人可以任何方式轉移該資產。轉租賃的資產處理由新租約的特點決定,可作經營租賃處理、可作銷售式融資租賃、直接融資租賃處理。若原租約屬經營租賃性質,轉租也只能是經營租賃。無論在哪種租賃方式下,原租賃下尚未攤銷的租賃資產餘額,一般應作為新租賃的租賃資產的成本處理。

(三) 返還式租賃

返還式租賃又稱售後租回融資租賃,是簡單融資租賃的一個分支,強調了租賃融資功能,類似於「典當」業務。返還式租賃是承租人已經購買了租賃設備,然後將設備出售給出租人,承租人再通過租賃的形式將租回使用,它的特點是承租人與租賃物件供貨人是一體,承租人將設備出售給出租人之後,承租人對租賃設備不再享有所有權,所有權歸出租人所有,承租人在租賃期間享有租賃物的使用權,承租企業通過回租可以滿足其改善財務狀況、盤活存量資產的需要,可以在不影響自己對財產繼續使用的情況下,將物化資本轉變為貨幣資本。企業在不影響生產的同時,擴大流動資金來源,這是一種金融活動。

(四) 槓桿融資租賃

槓桿租賃是融資租賃的一種特殊方式,具有以小博大的特點,在國際貿易中使用

較多，是一種利用財務槓桿原理組成的租賃形式。槓桿租賃中，至少有三方面的參與人：貸款人、出租人和承租人。在購進租賃設備時，出租人需將設備的所有權、租賃合同和收取租金的權利抵押給銀行或財團，以此作為其取得貸款的擔保，出租人自籌租賃設備購置成本的 20%~40% 的資金，其餘 60%~80% 的資金由銀行或財團等以貸款的方式提供，出租人擁有設備的法定所有權。租賃期間，每期租金由承租人提供給貸款人，按照約定比例扣除償付貸款及利息的部分，其餘部分交出租人處理。

槓桿租賃主要優勢有：①當租賃設備價格較高時，租賃公司沒有能力獨自購買，通過槓桿租賃可以擴大資金的來源，活躍租賃市場。槓桿租賃中，出租人用很少的資金成本就可以完成租賃活動，降低了出租人的租賃成本。②在槓桿租賃中，貸款參與人對出租人無追索權，因此，租賃物的購買信貸活動對出租人有利，按期支付租金對貸款人的資金安全也有保證。

(五) 委託融資租賃

委託融資租賃有兩種方式，第一種方式是擁有資金或設備的人委託非銀行金融機構從事融資租賃。涉及的當事人有委託人、受託人（出租人）、承租人，委託人是第一出租人，委託人委託受託人將自有的資金或者租賃標的物出租給承租人；受託人是第二出租人，受託人接受委託人的委託，根據委託人的書面委託，向委託人指定的承租人辦理融資租賃業務。出租人接受委託人的資金或租賃標的物，在租賃期內租賃標的物的所有權歸委託人，出租人只收取手續費，不承擔風險。這種委託租賃的一大特點就是讓沒有租賃經營權的企業，可以「借權」經營。

委託融資租賃第二種方式又稱委託購買融資租賃，是出租人委託承租人或第三人購買租賃物，出租人根據合同支付貨款，然後出租人按照租賃合同將設備租賃給承租人。這種租賃方式的最大特點是購買的租賃物能夠最大的滿足承租人的需求，減少出租人購買設備的搜尋成本。

融資租賃業還有的租賃形式有銷售式租賃、抽成融資租賃、稅務租賃、風險融資租賃、捆綁式融資租賃、合成租賃等。隨著金融市場的不斷發展，稅收政策的調整、高科技產品的不斷湧現以及法律和信用環境的不斷完善，金融租賃業將會蓬勃發展。

本章思考題

1. 簡述銀行金融機構與非銀行類金融機構的區別。
2. 保險公司的種類以及業務類型有哪些？
3. 簡述證券公司的主要業務。
4. 投資基金的種類有哪些？
5. 信託業務有哪幾類？
6. 金融租賃公司的業務類型有哪些？

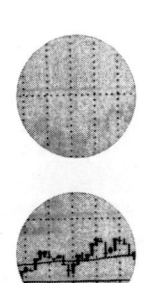

第六章　金融市場

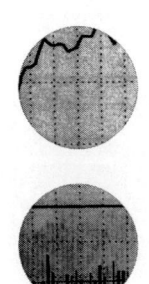

第一節　金融市場概述

一、金融市場的含義及特徵

（一）金融市場的含義

金融市場通常是指以金融資產為交易對象而形成的供求關係及其機制的總和。金融資產是指一切代表未來收益或資產合法要求權的憑證，也叫作金融工具或證券。金融資產可以劃分為兩類：一類是債券性證券，代表其發行者在某一特定時期中要按約定條件支付一定的回報給持有人的承諾，如債券、存單等；另一類為權益性證券，要求發行者在支付債務性證券後按收益對權益性證券的持有者進行支付，其中最典型的是股票。

金融市場有廣義和狹義之分。狹義的金融市場僅僅是指直接融資市場。直接融資是指資金需求者直接從資金盈餘者那裡獲得貨幣資金，不需要仲介，比如票據、股票、債券等發行和買賣的市場。廣義的金融市場包括直接融資和間接融資市場。間接融資是指資金盈餘者將資金交給仲介機構，再由仲介機構把資金提供給資金需求者。因此廣義的金融市場包括存款、貸款、信託、租賃、保險、票據抵押與貼現、股票債券買賣等全部金融活動。

金融市場包括三個層面的含義：第一，金融市場是進行金融資產交易的有形和無形的場所，有形市場如證券交易所，無形市場是通過電信及計算機網絡等看不見的市場進行的金融商品交易與資金的調撥，金融市場通常是無形的。第二，金融市場反應了金融資產的供應者和需求者之間的供求關係，揭示了資金的集中——傳遞過程。第三，金融市場包含金融資產交易過程中所產生的各種運行機制，其中最主要的是價格（包括利率、匯率及各種證券的價格）機制。

（二）金融市場的特徵

與普通商品市場相比，金融市場具有其自身的特徵。

1. 交易對象具有特殊性

普通商品市場上的交易對象是具有各種使用價值的普通商品，而金融市場上的交易對象則是形形色色的金融資產。這些金融資產本質上都是一種特殊的商品——貨幣資金。金融市場上的交易活動本質上是以信用為基礎的貨幣資金使用權和所有權的暫時分離或有條件的讓渡。因為貨幣資金在轉化為資本時能夠得到增值，所以可以將其進行借貸或有條件的讓渡。

2. 交易商品的使用價值具有同一性

普通商品市場上交易商品的使用價值是有千差萬別的，而金融市場上交易對象的使用價值則往往是相同的，即給金融工具的發行者帶來籌資的便利，給金融工具的投資者帶來投資收益。

3. 交易價格具有一致性

普通商品市場上的商品價格是五花八門的,而金融市場內部同一市場的價格有趨同的趨勢。

4. 交易活動具有仲介性

普通商品市場上的買賣雙方往往是直接見面,一般不需要借助仲介機構,而金融市場的融資活動大多要通過金融仲介來進行。

5. 交易雙方地位具有可變性

普通商品市場上的交易雙方的地位具有相對的固定性,如個人或家庭,通常是只買不賣,商品生產經營者通常是以賣為主。金融市場上融資雙方的地位是可變的,此時可能因資金不足而成為資金需求者,彼時又可能因為資金有餘而成為資金供應者。交易雙方的關係也不是單純的買賣關係,而是一種借貸關係或委託代理關係。

二、金融市場的構成要素

金融市場的構成要素包括交易主體、交易對象、交易工具和交易價格。

(一) 交易主體

金融市場的交易主體是指金融市場的參與者,可以分為資金的供應者、需求者、仲介者和管理者。具體地講,包括居民個人與家庭、工商企業、政府部門、各類金融機構和中央銀行等都是金融市場的參與者。把握金融市場主體的特性,一方面必須考慮到各主體在金融市場的不同活動中所發揮的不同作用,另一方面還須考慮到各主體自身的特徵。

1. 居民個人與家庭

居民個人與家庭主要是以非組織成員的身分參加金融市場活動的居民個人。個人在金融市場上,主要是資金供應者,其目的多為調整貨幣收支結構或追求投資收益的最大化。他們以儲蓄存款和購買證券的方式向金融市場輸送資金,分散的個人資金匯成金融市場中的一股巨流。此外,個人和家庭也是市場資金的需求者,但一般數額比較小,因此它們主要是金融市場上資金的提供者。

2. 工商企業

工商企業是金融市場運行的基礎,金融市場為企業單位提供了籌集和運用資金的場所,使其可以保持適度的資本量。具體來講,企業一方面為了募集短期資金用於日常的週轉,或募集長期資金擴大再生產,他們成了金融市場中的資金需求者;另一方面,企業在生產經營過程常常有大量暫時閒置的資金,這又使之成為金融市場上的資金供應者。此外,工商企業為了控制財務風險,也在金融市場上進行套期保值活動。儘管工商企業同時扮演著多種角色,但是從資金的宏觀分佈格局上看,它主要是籌資者。

3. 政府部門

作為金融市場上資金的需求者,政府部門需要通過發行國家債券來籌集資金,用於彌補財政預算赤字或擴大基層設施建設規模;作為金融市場上資金的供給者,它將國家財政籌集的大量的存款和外匯儲備匯集到金融市場上,成為金融機構的重要資金

來源。另外，許多國家政府部門還積極介入國際金融市場的金融活動成為國際金融市場的資金提供者或需求者。

4. 金融機構

金融機構是金融市場的主導力量，它既是資金的需求者，也是資金的供應者。作為資金的需求者，它通過吸收存款、再貼現、拆借等方法，將資金最大限度地集中到自己手裡；作為資金的供應者，它通過發放貸款、拆借、貼現、抵押、買進債券等方式，向市場輸出資金；金融機構還作為信用仲介和期限仲介向金融市場提供資金交易的工具，如支票、匯票、保單等；在提供金融工具的同時，金融機構也起到資金的匯集和分配的作用。此外，金融機構還充當資金交易的媒介，辦理金融批發業務，如對信貸資金的批發，對股票、債券的承銷等。金融機構可以分為存款性金融機構和非存款性金融機構兩類。

(1) 存款性金融機構主要包括商業銀行、儲蓄銀行和信用合作社等。它們主要通過吸收各種存款來取得資金，並以貸款或有價證券投資的形式提供給資金的需求者，從中獲得利差收益。

(2) 非存款性金融機構主要有保險公司、養老基金、投資銀行和投資基金等。非存款性金融機構的資金來源和存款性金融機構不一樣，它們不是通過吸收公眾存款而主要是通過發行證券或以契約性的方式獲得資金。

5. 中央銀行

中央銀行在金融市場上處於一種特殊的地位，它既是金融市場的行為主體，又是金融市場上的監管者。作為資金的需求者，中央銀行主要吸納商業銀行的存款準備金，通過公開市場業務拋售證券、票據，回收金融市場上過多的資金；作為資金的供給者，中央銀行以貨幣發行者的身分向社會發行貨幣，它向商業銀行等金融機構通過再貼現、再貸款、購回證券與票據、收購黃金外匯的方式投放基礎貨幣，從而開闢資金的最初源頭，向金融市場提供流通工具和支付手段；作為金融市場的管理者，中央銀行對金融機構和金融市場上的交易行為實施監督管理，制定相關法律法規，控制金融風險，維護國家金融市場的穩定。

除了上述交易主體外，參與金融市場的還有一些官方、半官方的和在各國各具特色的其他類型的金融機構，如開發銀行、進出口銀行及農業信貸機構、大企業所屬的金融公司等。

(二) 交易對象

金融市場的交易對象是貨幣資金。但是在不同的場合，這種交易對象的表現是不同的。在信貸市場，貨幣資金作為交易對象是明顯的，它表現了借貸資金的交易和轉讓。在證券市場，直接交易的是股票或債券，交易對象似乎轉換了。但從本質上講，無論是哪一種交易方式——貸款也好，證券買賣也好，交易目的無非是獲取自己所需的貨幣資金和借出自己所盈餘的貨幣資金，其交易對象都是貨幣資金。金融市場上貨幣資金的交易僅僅表現為以信用為基礎的資金的使用權和所有權的暫時分離或有條件的讓渡，這與商品市場上大多數所有權和使用權同時轉移相區別。

(三) 交易工具

金融市場上的交易工具是金融工具。貨幣資金的交易需要有一種憑證，以其為載

體才能以書面形式發行和流通，推動資金安全運轉。金融工具是在信用活動中產生的，是對交易的金額、期限、價格等條件加以說明，用以證明交易雙方的權利義務，並且具有法律約束力的書面文書。不同的金融工具具有不同的特點，能分別滿足資金供需雙方在數量、期限和條件等方面的不同需要，在不同的市場上為不同的交易者服務。金融工具主要包括票據（支票、匯票、本票）、可轉讓定期存單、債券、國庫券、基金、證券及各種金融衍生工具等。它們在本質上是虛擬資本，但在現代社會中，擁有金融資產的多寡，就意味著一個人或一個單位擁有財富的多少。它不但標誌著一定的收益權，而且在某種條件下，標誌著一定的控制權。金融工具一般具有廣泛的社會可接受性，隨時可以流通轉讓。

（四）交易價格

在金融市場上，交易對象的價格就是貨幣資金的價格。在借貸市場上，借貸資金的價格就是借貸利率。而在證券市場上，資金的價格較隱蔽，直接表現出的是有價證券的價格，從這種價格反應出貨幣資金的價格。至於外匯市場，匯率反應了貨幣的價格。在黃金市場上，一般所表現的是黃金的貨幣價格。

三、金融市場的分類

在金融市場的形成和發展過程中，金融市場根據資金通融與金融產品交易的需要，其內在結構也在持續地發生著變化。按不同的標準可以將其劃分為若干類市場。

（一）按標的物的不同，分為貨幣市場、資本市場、外匯市場和黃金市場

貨幣市場是指以期限在一年及一年以下的金融資產為交易標的物的短期金融市場。它的主要功能是保持金融資產的流動性，以便隨時地將金融資產轉換成現實的貨幣。它一方面滿足了借款者的短期資金需求，另一方面也為暫時閒置的資金找到了出路。

資本市場是指期限在一年以上的金融資產交易的市場。一般來說，資本市場包括銀行中長期存貸款市場和有價證券市場兩大部分。通常，我們將資本市場視同於證券市場。它的活動為資本的累積和分配提供了條件。

外匯市場是指以外國貨幣、外國有價證券、外國支付憑證等作為交易對象的市場，有廣義與狹義之分。狹義的外匯市場指的是銀行間的外匯交易，包括同一市場各銀行間的交易、中央銀行與外匯銀行間以及各國中央銀行之間的外匯交易活動，通常被稱為外匯批發市場。廣義的外匯市場是指由各國中央銀行、外匯銀行、外匯經紀人及客戶組成的外匯買賣、經營活動的總和，包括上述的批發市場以及銀行同企業、個人間外匯買賣的零售市場。目前，隨著外匯交易的方式和領域的擴大，外匯交易已經成為保值、投機、投資的重要手段。

黃金市場是集中進行黃金買賣的交易中心或場所。黃金市場早在19世紀初就已形成，是最古老的金融市場。現在，世界上已有40多個黃金市場，其中倫敦、紐約、蘇黎世、芝加哥和中國香港的黃金市場被稱為五大國際黃金市場。由於黃金仍是國際儲備工具之一，在國際結算中占據著重要的地位，因此，黃金市場仍被視為金融市場的組成部分。但是隨著時代的發展，黃金非貨幣化的趨勢將越來越明顯。

(二）按金融資產的發行和流通特徵的不同，分為初級市場、二級市場、第三市場和第四市場

資金需求者將金融資產首次出售給資金的供應者時所形成的交易市場稱為初級市場、發行市場或者一級市場。證券發行後，各種證券在不同的投資者之間買賣、流通、轉讓所形成的市場即為二級市場，又稱為流通市場或次級市場。第三市場是原來在交易所上市的證券移到場外進行交易所形成的市場。第三市場的交易相對於交易所的交易來說，具有限制更少、成本更低的優點。第四市場是投資者和證券的出賣者直接交易形成的市場。其形成的主要原因是機構投資者在證券交易中所占的比例越來越大，它們之間的買賣數額很大，因此希望避開經紀人直接交易，以降低交易成本。第三市場和第四市場實際上都是場外市場的一部分。

(三）按成交與定價的方式不同，分為公開市場與議價市場

公開市場指的是金融資產的交易價格通過眾多的買主和賣主公開競價而形成的市場。金融資產在其償付之前可以自由交易，並且只賣給出價最高的買者。一般在有組織的證券交易所進行。議價市場指的是金融資產的定價與成交是通過私下協商或面對面的討價還價方式進行的。在發達的市場經濟國家，絕大多數債券和中小企業的未上市股票都通過這種方式交易。

(四）按有無固定場所，分為有形市場與無形市場

有形市場也被稱為場內市場，是指有固定交易場所的市場，是有組織、有制度的市場，一般指的是證券交易所等固定的交易場地。無形市場也被稱為場外市場，是指沒有固定交易場所的市場，是在證券交易所外進行金融資產交易的總稱。其交易大量是通過電傳、電報、電話、網絡等現代化的電信工具在各金融機構、證券商及投資者之間進行，它是一個無形的網絡，金融資產及資金可以在其中迅速地轉移。

(五）按地域不同，分為國內金融市場和國際金融市場

國內金融市場是指金融交易的作用範圍僅限於一國之內的市場，它除了包括全國性的以本幣計值的金融資產交易市場之外，還包括一國範圍內的地方性金融市場。國際金融市場則是跨越國界進行金融資產交易的市場，是進行金融資產國際交易的場所。

國內金融市場是國際金融市場形成的基礎，國際金融市場是國內金融市場發展到一定階段的產物。在金融市場發育的早期，或許對於大多數欠發達國家來說，其金融市場多表現為國內市場，其交易以本國貨幣為主，參與者以本國居民為主。隨著國際交往的擴大，一些國家為了籌資和投資的需要，常常參與國外金融市場的交易。另外，一些國家的貨幣大量流向國外，在當地進行融資活動，形成了國外貨幣的金融市場，如歐洲貨幣市場、亞洲美元市場等。國際金融市場是與實物資產的國際轉移、資本的國際流動、金融業及現代電子信息技術的高度發展相輔相成的。

此外，金融市場還可以根據仲介機構的特徵劃分為直接金融市場和間接金融市場；根據交割方式的不同劃分現貨市場和期貨市場；按市場微觀結構的不同劃分為經紀人市場、交易商市場和拍賣市場。

四、金融市場的功能

金融市場作為金融資產交易的場所，從整個經濟運行的角度來看，具有以下經濟

功能。

(一) 聚斂功能

金融市場的聚斂功能是指金融市場發揮著資金「蓄水池」的作用。因為在社會資金的供給者與需求者之間，在資金供求的時間、數量和供求方式之間，往往難以取得一致。通過金融市場的介入，通過直接融資和間接融資方式，可以使社會資金流動成為可能。

對於資金需求者，可以通過發行多種多樣的金融工具集中大量的資本，金融市場為這些金融工具提供了良好的流動性，以滿足資金供求雙方不同期限、收益和風險的要求。對與資金供給者，金融市場為其提供了適合的投資手段和有利的資金使用場所，從而引導眾多分散的小額資金匯聚成為可以投入社會化再生產的大規模資金。法規齊全、功能完善的金融市場可以使資金的需求者更方便地獲得資金，使資金的供應者獲得滿意的投融資渠道。借助於金融市場，可達到資金從社會總儲蓄向社會總投資轉化的目的。

(二) 配置功能

金融市場的配置功能表現在三個方面：一是資源的配置，二是財富的再分配，三是風險的再分配。

金融市場最基本的功能是引導貨幣資金從資金盈餘者流向資金赤字者，通過資金的調劑，實現資源配置。資本總是在追逐利潤，市場信息的變化和金融工具價格的漲跌，都給人以啟示，會引導人們放棄一些金融資產而追求另外一些金融資產。通過資本的流動，那些擁有投資機會但缺乏資金的機構、個人可以獲得他們所需要的資金，而資金盈餘者手中閒置的資金也可以發揮作用。金融是物資的先導，隨著金融資產的流動，帶動了社會物資資源的流動和再分配，將社會資源由低效部門轉移到高效部門，從而實現稀缺資源的合理配置和有效利用，生產要素重新優化組合，提高了生產效率。

金融市場對資金的調劑還可以使財富重新分配。在經濟金融化的時代裡，金融資產成為社會財富的重要存在形式。隨著金融工具的流動以及金融資產價格的波動，改變了社會財富的存量分佈，相應地發生了價值和財富的再分配。比如，房子、汽車等耐用消費品的消費可能需要一個家庭數十年的累積才能實現，但通過金融市場提供的抵押貸款等工具，我們可以提前享受到這些商品。

金融市場同時也是風險再分配的場所。在現代經濟生活中，風險無時不在、無處不有，而不同的主體對風險的厭惡程度是不同的。金融市場的參與者根據自身對風險的態度選擇不同的金融工具，風險厭惡程度高的人可以利用各種金融工具出讓收益，從而將風險分散、轉嫁給風險厭惡程度低的人，從而實現風險的再分配。例如，市場上農產品的價格總是起伏不定，很可能會在收穫時大幅下降。農民為了規避農產品價格變化帶來的風險，就可以選擇套期保值的方法在金融市場上把風險轉移出去。

(三) 調節功能

金融市場的調節功能體現在它為政府的宏觀經濟政策提供了傳導途徑。政府實施貨幣政策和財政政策離不開金融市場，存款準備金、再貼現和公開市場操作等貨幣政策工具的實施都必須以金融市場的良好發育作為前提。以增減國債方式實施的財政政

策，同樣要通過金融市場來實現。

此外，金融市場的調節功能還體現在對金融市場參與者自我完善的促進上。投資者為了自身的利益會謹慎地挑選金融工具，實際上是對投資對象的選擇，這種選擇的結果，必然發生優勝劣汰的效應，從而達到調節經濟結構的目的。工商企業只有通過科學管理，保持良好的發展勢頭，才能繼續生存並發展壯大，否則的話就難以在金融市場上繼續籌集資金。這實際上也反應了金融市場對國民經濟活動的自發調節。

(四) 反應功能

因為金融市場具有反應功能，所以常常被稱為國民經濟的「晴雨表」。無論是微觀經濟的運行狀況還是宏觀經濟的運行狀況，金融市場都可以反應出來，它是國民經濟的信號系統。交易所裡上市證券價格的波動，反應出上市工商企業的經營管理情況及發展前景；貨幣供應量的變化反應出宏觀經濟運行的狀況；國家的經濟政策，尤其是貨幣政策的實施情況、銀根的鬆緊、通貨膨脹的程度以及貨幣供應量的變化，均會反應在金融市場之中。發達的電信系統能夠廣泛收集和傳播信息，將國內金融市場同國際金融市場連為一體，使人們及時瞭解世界經濟發展的動向。

第二節　貨幣市場

貨幣市場是指一年期以內的短期金融工具交易所形成的供求關係及其運行機制的總和。貨幣市場的活動主要是為了調劑暫時性的資金餘缺，保持資金的流動性。其特點有：第一，融資期限短。最短的只有半天或一天，最長的也不超過1年，較為普遍的是3～6個月。第二，融資目的是為了解決短期資金週轉的需要，一般用於滿足流動資金的臨時不足。第三，參與者主要是機構投資者。由於貨幣市場的融資期限短，交易額較大，一般個人投資者難以涉及。第四，金融工具具有較強的「準貨幣」性。正因為這些工具期限短，可隨時變現，有較強的貨幣性，所以，短期金融工具又有「準貨幣」之稱。

貨幣市場的交易，一方面滿足了資金需求者的短期資金需要，另一方面也為資金盈餘者的暫時閒置資金提供了獲取盈利的機會。由於貨幣市場的交易期短而頻繁，價格波動範圍較小，金融工具流動性高，變現容易實現，因此易被投融資者所接受。短期金融工具將資金供應者和資金需求者聯繫起來的同時，還為中央銀行實施貨幣政策提供了操作手段，貨幣市場因此成為中央銀行進行公開操作，貫徹貨幣政策意圖的主要場所。

貨幣市場就其結構而言，可分為同業拆借市場、票據市場、大額可轉讓定期存單市場、回購市場、短期政府債券市場及貨幣市場共同基金市場等若干子市場。

一、同業拆借市場

同業拆借市場，也可以稱為同業拆放市場，是指金融機構之間以貨幣借貸方式進行短期資金融通活動的市場。同業拆借的資金主要用於彌補短期資金的不足、票據清算的差額以及解決臨時性的資金短缺需要。同業拆借市場交易量大，能敏感地反應資

金供求關係和貨幣政策意圖，影響貨幣市場利率，因此，它是貨幣市場體系的重要組成部分。

同業拆借市場產生於存款準備金政策的實施，伴隨著中央銀行業務和商業銀行業務的發展而發展。金融機構在日常進行存貸款和票據清算業務活動中，總會出現有的銀行存款準備金多餘，有的銀行存款準備金不足的情況。存款準備金多餘的銀行，為了支持對方業務的正常開展，並使自己多餘的資金產生短期收益，一般願意盡可能地對多餘部分加以利用；而存款準備金不足的銀行，由於必須按規定加以補足，需要進行短期資金融通。同業拆借市場可以使資金在各個金融機構之間調劑，應付一些臨時性的資金短缺。這樣，商業銀行不必保持大量超額準備金就能滿足意外的提款要求。

同業拆借市場的主要參與者首推商業銀行。由於同業拆借市場期限較短，風險較小，許多銀行都把短期閒置資金投放於該市場，以及時調整資產負債結構，保持資產的流動性。特別是那些市場份額有限、承受經營風險能力脆弱的中小銀行，更是把同業拆借市場作為短期資金運用的經常性的場所，力圖通過該市場提高資產質量，降低經營風險，增加利息收入。因此商業銀行既是主要的資金供應者，又是主要的資金需求者。非銀行金融機構也是同業拆借市場上的重要參與者。非銀行金融機構如證券商、互助儲蓄銀行、儲蓄貸款協會等大多以貸款人身分出現在該市場上，但也有需要資金的時候，如證券商的短期拆入。市場參與者多樣化的格局，使同業拆借市場的交易對象不僅限於商業銀行的準備金了，它還包括商業銀行相互間的存款以及證券交易商和政府擁有的活期存款。同業拆借市場的功能範圍也隨之有了進一步的擴大，拆借的目的除滿足準備金要求外，還包括軋平票據交換的差額、解決臨時性、季節性的資金要求等。

同業拆借市場的拆借期限通常以 1~2 天為限，短至隔夜，多則 1~2 周，一般不超過 1 個月，當然也有少數同業拆借交易的期限接近或達到一年的。同業拆借的拆款按日計息，拆息額占拆借本金的比例為拆息率。拆息率每天不同，甚至每時每刻都有變化，其高低靈敏地反應著貨幣市場資金的供求狀況。由於同業拆借市場的利率基本上代表了資金的市場價格，因此其可以作為確定其他資金價格的基礎參照利率。在國際貨幣市場上，銀行間同業拆借利率是一種重要的金融市場基準利率，很大程度上決定著商業銀行的存貸款利率。目前比較典型的、有代表性的同業拆借利率有三種，即倫敦銀行同業拆借利率（LIBOR）、新加坡銀行同業拆借利率（SIBOR）和香港銀行同業拆借利率（HIBOR）。

二、票據市場

(一) 商業票據市場

商業票據是大公司為了籌措資金，以貼現方式出售給投資者的一種短期無擔保承諾憑證。由於商業票據沒有擔保，僅以信用作保證，因此能夠發行商業票據的一般都是規模巨大、信譽卓著的大公司。

商業票據的發行視經濟及市場狀況的變化而變化。一般說來，高利率時期發行數量較少，資金來源穩定時期、市場利率較低時，發行數量較多。商業票據的期限較短，

一般不超過 270 天。市場上未到期的商業票據平均期限在 30 天以內，大多數商業票據的期限在 20~40 天。由於商業票據的發行不需要提供其他保證，只靠發行人的信用。因此，商業票據能否進入金融市場，要視發行人的資信度為轉移，商業票據市場就是信譽卓著的大公司所發行的商業票據交易的市場。

商業票據的銷售既可以由發行者通過自己的銷售力量直接出售，也可以通過商業票據交易商間接銷售。採取何種方式主要取決於發行者使用這兩種方式的成本高低。

商業票據在到期之前，持有者可以將其貼現轉給商業銀行，銀行按貼現率扣除貼現天數的貼現利息後將票面餘款付給持票人。貼現率是指商業銀行辦理貼現時預扣的利息與票面金額的比率。票據貼現天數是指辦理票據貼現日起至票據到期日止的時間。票據價格是票據貼現時銀行付給貼現人的實付貼現金額。計算公式如下：

貼現利息＝票面金額×貼現天數×（月貼現率÷30）

票據貼現價格＝票面金額－貼現利息

儘管在投資者急需資金時，商業票據的持有者可以將票據賣出獲得資金，但商業票據的二級市場並不活躍。主要是因為商業票據的期限非常短，購買者一般都能持有到期。此外商業票據是高度異質性的票據，不同經濟單位發行的商業票據在期限、面額和利率等方面各有不同，其交易難以活躍。

（二）銀行承兌匯票市場

在商品交易活動中，售貨人為了向購貨人索取貨款而簽發的匯票，經銀行在票面上承諾到期付款的「承兌」字樣並簽章後，就成為銀行承兌匯票。以銀行承兌匯票作為交易對象的市場即為銀行承兌匯票市場。由於銀行承兌匯票由銀行承擔最後付款責任，信用風險相對較小，並且實際上是銀行將其信用出借給企業，因此，企業必須交納一定的手續費。

銀行承兌匯票在到期前，持有者可以將其貼現轉讓給商業銀行以提前取得票據所載款項。貼現的計算公式如下：

貼現利息＝票據面額×貼現率×（貼現天數÷360）

實付貼現金額＝票據面額－貼現利息

三、大額可轉讓定期存單市場

大額可轉讓定期存單市場是指進行大額可轉讓定期存單交易的市場。可轉讓大額定期存單是由商業銀行發行的，可以在市場上轉讓的存款人在銀行的債權證明。

從形式上看，銀行發行的大額可轉讓定期存單也是一種存款憑證，與普通定期存款單似乎沒有區別，但實際上大額可轉讓定期存單有著不同於普通定期存款單的特點：

（一）不記名

普通定期存款單都是記名的，而大額可轉讓定期存單不記名。

（二）可轉讓

普通定期存款單一般都要求持有人到期提取存款本息，不能轉讓，而大額可轉讓定期存單的持有者如果需要現款，即可將其在市場上自由轉讓出售。

（三）金額固定，面值較大

普通定期存款單的最低存款數額一般不受限制，並且金額可大可小，有零有整，

但大額可轉讓定期存單一般都有較高的金額起點，並且都是固定的整數。如美國的大額可轉讓定期存單最低面額為 10 萬美元，50 萬美元面額的最為常見，二級市場上的交易單位為 100 萬美元。

（四）期限短

普通定期存款單的期限可長可短，而大額可轉讓定期存單的期限通常不少於 2 周，大多為 3~6 個月，一般不超過 1 年。

大額可轉讓定期存單集中了活期存款和定期存款的優點。對於存單的購買者，由於存單可以隨時在市場上變現出售，客戶實際上以短期存款取得了按長期存款利率計算的利息收入。對於存單的發行銀行來說，存單到期之前不會發生提前提取款項的問題。發行大額可轉讓定期存單不僅增加了商業銀行的資金來源，提高了商業銀行的競爭力，也提高了存款的穩定程度。

四、回購市場

回購市場是指通過回購協議進行短期資金融通交易的市場。所謂回購協議，指的是在出售證券的同時，和證券的購買商簽訂協議，約定在一定期限後按原定價格或約定價格購回所賣證券，從而獲取即時可用資金的一種交易行為。

當回購協議簽訂後，資金獲得者同意向資金供應者出售政府債券和政府代理機構債券以及其他債券以換取即時可用的資金。回購協議期滿時，再用即時可用資金作相反的交易。從表面上看，資金需求者通過出售債券獲得了資金，而實際上，資金需求者是從短期金融市場上借入一筆資金。對於資金借出者來說，他獲得了一筆短期內有權支配的債券，但這筆債券到時候要按約定的數量如數交回。所以，出售債券的人實際上是借入資金的人，購入債券的人實際上是借出資金的人。出售一方允許在約定的日期，以原來買賣的價格再加若干利息、購回該證券。這時，不論該證券的價格是升還是降，均要按約定價格購回。所以從本質上說，回購協議是一種以證券為抵押品的抵押貸款。證券的賣方也是資金的借入方，賣方的操作我們稱之為正回購；證券的買方同時也是資金的供給者，買方的操作我們稱之為逆回購。回購協議與逆回購協議實際上是一個問題的兩個方面。

在回購交易中，回購協議的期限比較靈活，從一日至數月不等。若貸款或證券購回的時間為一天，則稱為隔夜回購，如果時間長於一天，則稱為期限回購。金融機構之間的短期資金融通，一般可以通過同業拆借的形式解決，但有一些資金盈餘部門不是金融機構，而是非金融行業、政府機構和證券公司等，它們可以採用回購協議的辦法避免對放款的管制。

五、短期政府債券市場

短期政府債券是政府部門以債務人身分承擔到期償付本息責任的期限在一年以內的債務憑證。從廣義上看，政府債券不僅包括國家財政部門所發行的債券，還包括了地方政府及政府代理機構所發行的證券。狹義的短期政府債券則僅指國庫券。國庫券是國家財政當局為彌補國庫收支不平衡而發行的期限不超過一年的短期政府債券。通

常包括3個月、6個月和12個月三個品種。一般來說，短期政府債券市場主要指的是國庫券市場。

短期政府債券一般都是採用貼現方式發行，即發行價格低於國庫券面值，票面不記明利率，國庫券到期時按面值償還，投資者的收益是證券的購買價與證券面額之間的差額。政府發行短期債券的目的通常有兩個：一是滿足政府部門短期資金週轉的需要；二是為中央銀行的公開市場業務提供可操作的工具。國庫券市場也成了中央銀行進行公開市場業務操作以調節貨幣信用的重要場所。

短期政府債券的轉讓可以通過貼現或買賣的方式進行。國庫券的債務人是國家，其還款保證是國家財政收入，因此它是金融市場上風險最小、流動性最好的信用工具。在國外，國庫券市場非常活躍，國庫券能在二級市場順利地轉讓流通，迅速變為現金。

國庫券市場與貨幣市場的其他子市場相比，具有以下特點：

（1）違約風險小。國庫券具有國家信用作擔保，它被認為幾乎是沒有違約風險的，通常被譽為「金邊債券」。

（2）流動性強。由於國庫券的期限短、風險低，故其流動性很強。這一特徵使得國庫券能在交易成本較低及價格風險較低的情況下迅速變現。

（3）面額小。相對於其他貨幣市場的信用工具來說，國庫券的面額較小。目前美國的國庫券面額一般為1萬美元，遠遠低於其他貨幣市場工具的面額（大多為10萬美元）。對許多小投資者來說，國庫券通常是他們能直接從貨幣市場購買的唯一有價證券。

（4）收入免稅。免稅主要是指免除州及地方所得稅。州及地方稅率越高，國庫券的吸引力就越大。

六、貨幣市場共同基金市場

共同基金是將眾多的小額投資者的資金集合起來，由專門的經理人進行市場運作，賺取收益後按一定的期限及持有的份額進行分配的一種金融組織形式。而對於主要在貨幣市場上進行運作的共同基金，則稱為貨幣市場共同基金。

貨幣市場共同基金的投資對象主要有國庫券、政府公債、銀行承兌票據、銀行定期存款單、商業票據等流動性強的短期證券。這種投資偏好決定了貨幣市場共同基金屬於高收益、低風險類基金，同時還具有極強的流動性和靈活性。自1972年貨幣市場共同基金在美國產生以來，一直受到廣大投資者的青睞。

第三節　資本市場

資本市場是指以融資期限在一年以上的金融工具為媒介進行資金交易活動的中長期金融市場。其基本功能是實現並優化投資與消費的跨時期選擇。按市場工具來劃分，資本市場通常由股票市場、債券市場和投資基金市場構成，它們的交易及運行機制各不相同。

一、股票市場

(一) 股票的概念和特徵

股票是股份公司發行的所有權憑證，是股份公司為籌集資金而發行給各個股東作為持股憑證並借以取得股息和紅利的一種有價證券。股票的特徵包括以下四個方面：

1. 無期性

股票沒有還本期限，投資者認購了股票後，就不能要求退股，只能到二級市場賣給第三者。因此，股票是一種穩定的籌資形式，只要公司存在，股票就會永久存續下去，公司不承擔任何股本的責任。股東轉賣股票的行為，只意味著公司股東的改變，並不減少公司資本。如果公司破產，清理股份不能視為股票到期，股東得到的清償也不一定等於其初始投入的資本。

2. 流動性

股票的流動性是指股票可以在不同投資者之間自由買賣和轉讓。這一特徵彌補了其沒有還本期限的不足。通過股票的流通和股價的變動，可以看出人們對於相關行業和上市公司的發展前景及盈利潛力的判斷。

3. 風險性

股票同商品一樣，有自己的市場行情和市場價格。股票價格要受到諸如公司經營狀況、供求關係、銀行利率、大眾心理等多種因素的影響，其波動有很大的不確定性。因此，股票持有者總是要承擔一定的風險。價格波動的不確定性越大，投資風險也越大。

4. 收益性

與股票風險性相伴隨的是股票的收益性。股票的投資收益來源於兩個方面：一是股東從公司領取的股息或紅利，股息或紅利的大小主要取決於公司的盈利水準和公司的盈利分配政策；二是股票投資者通過低價買入和高價賣出股票，從股票價格波動中獲得的價差收入。

(二) 股票發行市場

股票發行市場也稱為初級市場、一級市場，它是指股份公司直接或通過仲介機構向投資者出售新發行的股票。發行市場是股票從無到有的創造過程，也是股份公司借以籌集資金的過程。

1. 股票發行方式

(1) 按發行對象的不同，股票發行方式可以分為公募發行和私募發行。公募是指事先沒有特定的發行對象，發行人面向市場上廣大投資者公開推銷股票的方式。採用這種方式，可以擴大股票的發行量和股東的範圍，股權分散能在一定程度上防止少數人囤積股票操縱股價，為以後籌集更多的資金打下基礎。公募的股票可在二級市場上流通，有利於提高發行者的社會性、知名度和股票的流動性。公募股票的發行者必須向證券管理機關辦理註冊手續，必須在招股說明書中如實公布有關情況，以供投資者做出正確決策。

私募是指發行人只向少數特定的投資者發行股票。其對象主要有個人投資者和機

構投資者兩類,個人投資者如本公司的職工或使用發行公司產品的用戶,機構投資者如大的金融機構或與發行者有密切業務往來關係的公司等。私募往往有確定的投資者,發行失敗的可能性不大,同時不必向證券管理機關辦理註冊手續。但私募發行的股票難以轉讓。

(2)按有無發行仲介,股票發行方式可以分為直接發行和間接發行。直接發行又叫直接招股,是指股份公司自己承擔股票發行的一切事務和發行風險,直接向認購者推銷出售股票的方式。這種方式只適用於有既定發行對象或發行風險少、手續簡單的股票。在一般情況下,不公開發行的股票或因公開發行有困難(如信譽低所致的市場競爭力差、承擔不了大額的發行費用等)的股票;或是實力雄厚,有把握實現巨額私募以節省發行費用的大股份公司股票,才採用直接發行的方式。

間接發行又稱間接招股,是指發行者委託證券發行仲介機構出售股票的方式。這些仲介機構作為股票的推銷者,辦理一切發行事務,承擔一定的發行風險並從中提取相應的收益。一般情況下,間接發行是基本的、常見的方式,特別是公募發行,大多採用間接發行。

2. 股票發行價格

股票發行價格是指股份有限公司將股票公開發售給特定或非特定投資者所採用的價格。股票發行價格有三種確定方式:一是平價發行,也稱為等額發行或面額發行,是指發行人以票面金額作為發行價格。由於股票上市後的交易價格通常要高於面額,平價發行能使投資者得到交易價格高於發行價格所產生的額外收益,因此絕大多數投資者都樂於認購。二是溢價發行,即發行人按高於面額的價格發行股票。溢價發行可使公司用較少的股份籌集到較多的資金,籌資成本較低。三是折價發行,指以低於面額的價格出售新股,即按面額打一定折扣後發行股票。《中華人民共和國公司法》明確規定:股票發行價格可以按票面金額,也可以超過票面金額,但不得低於票面金額。

股票發行定價是一級市場的關鍵環節。如果定價過高,會使股票的發行數量減少,進而使發行公司不能籌到所需資金,股票承銷商也會遭受損失;如果定價過低,則股票承銷商的工作容易,但發行公司卻會蒙受損失。對於再發行的股票,價格過低還會使老股東受損。

(三)股票流通市場

股票流通市場也稱為次級市場、二級市場,它是指投資者之間將已經發行的股票按時價進行轉讓、買賣和流通的市場。這一市場為股票創造流動性,從而實現控制權的優化配置。

1. 股票流通市場的劃分

(1)場內市場。場內市場專指證券交易所市場。交易所市場作為集中買賣上市股票的場所,具有固定的交易所和固定的交易時間,是二級市場的主體。交易所內流通的是符合有關法律規定的上市股票,交易參與者必須是交易所的會員,既可以是經紀人,也可以是證券商。但股票的買賣雙方不能進入交易所,只能委託證券商或經紀人代為買賣、成交、結算和交割。

(2)場外市場。場外交易是相對於證券交易所交易而言的,凡是在證券交易所之

外的股票交易活動都可稱為場外交易。場外市場與交易所市場共同構成了一個完整的證券流通市場體系，可分為店頭市場、第三市場和第四市場。

店頭市場又稱為櫃臺市場，是在證券交易所以外的各種證券公司櫃臺上進行證券買賣的市場，這是場外交易最主要的和最典型的形式。該市場是一個分散於各地的，無固定交易場所的抽象市場。店頭市場一般是由自營商投入資金買入證券後隨時隨地將自己的存貨賣給客戶，他們會掛出各種證券的買入和賣出兩種價格賺取買賣差價。

第三市場是指原來在證券交易所上市的股票移到場外進行交易而形成的市場。第三市場與一般含義的櫃臺交易的區別在於第三市場交易的是既在證券交易所上市又在場外市場交易的股票。買賣大宗證券的機構投資者和個人投資者通過場外交易上市股票以降低交易費用。

第四市場是指大機構或大的個人投資者繞開證券經紀人和自營商，彼此之間利用計算機網絡直接進行大宗證券交易的市場。這種交易可以最大限度地降低交易費用，它的發展對證券交易所和場外市場形成了巨大的壓力，從而促使市場降低佣金，改進服務。

總之，場外市場具有三個特點：一是交易品種多，不僅交易已上市的股票，同樣也交易未上市的股票；二是相對的市場，不掛牌，買賣價格是證券商之間通過直接協商決定的；三是抽象的市場，它的證券交易不是在固定的場所和固定的時間內進行。

2. 股票交易方式

（1）現貨交易。現貨交易是指股票買賣成交以後，馬上辦理交割清算手續，當場錢貨兩清，或在極短的期限內交割的交易方式。

（2）期貨交易。期貨交易則是交易雙方在股票成交後按合同中規定的價格、數量，過若干時期再進行交割清算的交易方式。

（3）期權交易。期權交易又稱選擇權交易，是投資者在給付一定的期權費後，取得一種可在規定期限內按約定價格買進或賣出一定數量的金融資產或商品的權利，買賣這一權利的交易即為期權交易。

（4）信用交易。信用交易又稱墊頭交易，是指交易人憑自己的信譽，通過交納一定數額的保證金進行股票買賣的交易方式。

3. 股票交易價格及影響因素

股票交易價格是股票的持有者和購買者在股票交易市場中買賣股票時形成的股票成交價格，目的是完成股票交易過程，實現股票所有權的轉移。股票交易價格的影響因素很多，主要有以下幾點：

（1）上市公司的基本面。上市公司的基本面包括公司的盈利狀況、財務狀況、股息政策、經營管理能力以及在行業中的競爭地位等。

（2）市盈率。市盈率等於股價與每股稅後利潤的比值。通常情況下市盈率越高，股價上漲空間越小；市盈率越低，股票上漲空間越大。

（3）人為控制。在股票市場上，一些資金實力很強的投機者往往可以憑藉自己的資金實力，操縱股票的波動。

（4）宏觀經濟因素。宏觀經濟因素包括經濟週期、國家的貨幣政策、財政政策、

收入分配政策、證券市場的監管政策以及國際經濟形勢等，任何一項因素改變都會對股票的價格產生一定的影響。

（5）行業因素。產業的發展狀況和趨勢、國家的產業政策和相關產業的發展等都會對該產業上市公司的股票價格產生影響。

（6）市場因素。證券市場上投資者的心理也會對股票價格產生影響，特別是中小投資者，其對信息的掌握不夠全面，因而缺乏預期判斷能力，心理波動很大，甚至某些傳聞或謠言也會使投資者盲目購進或拋售股票，引起股票的暴漲暴跌。

二、債券市場

（一）債券的概念和特徵

債券是投資者向政府、公司或金融機構提供資金的債權債務合同，該合同載明發行者在指定日期支付利息並在到期日償還本金的承諾。債券的特徵包括以下四個方面：

1. 期限性

債券是有期限的，到期日必須償還本金，且需按約定的時間支付利息，因而對於公司來說若發行過多的債券就可能資不抵債而破產，而公司發行越多的股票，其破產的可能性就越小。

2. 流通性

債券的流通性受債券發行人的資信度、債券的期限、利息支付方式以及市場的發達程度等因素的影響。

3. 風險性

債券要按照約定的利率還本付息，所以投資債券的風險主要是信用風險、市場利率波動風險和通貨膨脹的風險，其中最直接的風險就是信用風險。

4. 收益性

債券的收益由兩部分構成：一是按照票面利率獲得的利息收入；二是債券買賣的差價收入。由於債券的利息收入是持有者從公司稅前利潤中得到的固定數額，債券面值本身增值或貶值的可能性也不大，所以債券的收益一般比股票低。

（二）債券發行市場

債券發行市場是指將新發行的債券從發行人手中轉移到初始投資者手中的市場。債券的發行主體包括中央政府、地方政府、金融機構、企業等。除國債外，其他債券發行時往往要進行信用評級。

債券的信用評級是指按一定的指標體系對準備發行債券的還本付息的可靠程度做出客觀公正的評定。債券違約風險的大小與投資者的利益密切相關，也直接影響著發行者的籌資能力和成本。為了較客觀地估計不同債券的違約風險，通常需要由仲介機構進行評級。但評級是否具有權威性則取決於評級機構。目前最著名的兩大評估機構是標準普爾公司和穆迪投資者服務公司。

（三）債券流通市場

債券流通市場與股票類似，債券既可以在證券交易所交易，也可以在店頭市場、第三市場和第四市場等場外市場交易。如果在證券交易所交易，可採用現貨交易、期

貨交易、期權交易和信用交易四種方式。

在證券交易所申請上市的債券主要是企業債券,但國債一般不用申請即可上市流通,享有上市豁免權。由於大多數債券的交易是在場外市場進行的,場外交易市場才是債券流通市場的主要形態。債券流通市場的交易機制,與股票並無差別,只是由於債券的風險小於股票,其交易價格的波動幅度也較小。債券的轉讓價格受諸多因素的影響。

(1) 市場供求關係。一般而言,當債券供過於求時,債券價格下降;反之,債券價格上升。

(2) 市場利率。一般來說,債權的價格與市場利率呈反方向變化,市場利率上升,債券價格下跌;反之,債券價格上漲。

(3) 社會經濟發展狀況。經濟高漲時期,企業需要大量資金進行生產。發行新債券作為其融資渠道之一,供給會增加,而需求相對減少,因此債券價格下跌;反之,在經濟衰退、蕭條階段,企業會用過剩資金購買債券,從而債券需求增加,供給相對減少,因此債券價格上升。

(4) 宏觀經濟形式。一國實行緊縮的經濟政策時,會導致資金偏緊,市場利率會上升,導致債券價格下跌;反之,債券價格上升。此外,國際間利差和匯率發生改變也會影響投資者對本幣債券的需求,進而引起債券價格變化。

(四) 債券的償還

債券的償還一般可分為定期償還和任意償還兩種方式。

定期償還是在經過一定時間(稱為寬限期)後,每過半年或一年償還一定金額的本金,到期時還清餘額的償還方式。這一般適用於發行數量巨大、償還期限長的債券。為增加債券信用和吸引力,有的公司建立償還基金用於債券的定期償還。

任意償還是債券發行一段時間(稱為保護期)後,發行人可以任意償還債券的一部分或全部的償還方式。

三、投資基金市場

(一) 投資基金的概念和特徵

投資基金是通過發行基金券(基金股份或收益憑證),將投資者分散的資金集中起來,由專業管理人員分散投資於股票、債券或其他金融資產,並將投資收益分配給基金持有者的一種投資制度。投資基金在不同的國家和地區有不同的稱謂,美國稱之為共同基金或互助基金,也稱投資公司;英國稱之為單位信託基金,日本、韓國和臺灣稱之為證券投資信託基金。雖然稱謂有所不同,但無本質區別,它們都是股票、債券及其他證券投資的機構化和集中化。投資基金的特點可以歸納為如下幾個方面:

1. 規模經營——低成本

投資基金將小額資金匯集起來,其經營具有規模優勢,可以降低交易成本,對於籌資方來說,也可有效降低其發行費用。

2. 分散投資——低風險

投資基金可以將資金分散投資到多種證券或資產上,通過有效組合最大限度地降

低非系統風險。因此，不同種類的投資基金就是根據各自的投資對象和目標確定和構建的不同「證券組合」，基金的投資就是投資組合的實現。

3. 專家管理——更多的投資機會

投資基金是由具有專業化知識的人員進行管理，特別是精通投資業務的投資銀行的參與，從而能夠更好地利用各種金融工具，抓住各個市場的投資機會，創造更好的收益。

4. 服務專業化——方便

投資基金從發行、收益分配、交易、贖回都有專門的機構負責，特別是可以將收益自動轉化為再投資，使整個投資過程輕鬆、簡便。

（二）投資基金的設立

設立基金首先需要發起人，發起人可以是一個機構，也可以是多個機構共同組成。一般來說，基金發起人必須同時具備下列條件：至少有一家金融機構；實收資本在基金規模一半以上；均為公司法人；有兩年以上的盈利記錄；首次認購基金份額不低於20%，同時保證基金存續期內持有基金份額不低於10%。在很多情況下，基金是由基金管理公司或下設基金管理部的投資銀行作為發起人，在基金設立後往往成為基金的管理人，如果發起人不能直接管理該基金，則需要專門設立基金管理公司或聘請專業的基金經理公司作為基金管理人，幾乎所有的大型投資銀行都設有基金部或基金管理分公司，它們經常以經理公司的身分出現在基金市場上。

設立基金的另一重要當事人是保管人，即基金保管公司，一般由投資銀行、商業銀行或保險公司等金融機構充當，擔任保管公司也是投資銀行基金管理的重要業務之一。

基金的設立申請一旦獲主管機關批准，發起人即可發表基金招募說明書，著手發行基金股份或受益憑證，該股票或憑證由基金管理公司和基金保管公司共同簽署並經簽證後發行，發行方式可分公募和私募兩種，類似於股票的發行。

（三）投資基金的運作

按照國際慣例，基金在發行結束一段時間內，通常為3~4個月，就應安排基金證券的交易事宜。對於封閉型基金股份或受益憑證，其交易與股票債券類似，可以通過自營商或經紀人在基金二級市場上隨行就市，自由轉讓。對於開放型基金，其交易表現為投資者向基金管理公司認購股票或受益憑證，或基金管理公司贖回股票或受益憑證，贖回或認購價格一般按當日每股股票或每份受益憑證基金的淨資產價值來計算。大部分基金是每天報價一次，計價方式主要採用「未知價」方式，即基金管理公司在當天收市後才計價以充分反應基金淨資產和股份或受益憑證總數的變化。

第四節 衍生金融市場

衍生金融市場是以衍生金融工具為交易對象的市場。衍生金融工具，實質是一種價值取決於基礎性金融資產的價值或某一指數的金融合約，主要包括遠期、期貨、期權、互換四種基本類型。

一、衍生金融工具的發展歷程

1865 年，芝加哥穀物交易所推出了一種被稱為期貨合約的標準化協議，取代 1851 年以來沿用的遠期合同，成為人類歷史上最早開發出來的衍生金融品。但衍生金融品真正成為各國金融市場上重要的金融工具，被人們熟悉和使用，是從 20 世紀 70 年代開始的。

1971 年布雷頓森林體系崩潰，西方各國開始實行浮動匯率制，國際金融市場上的匯率波動既頻繁又劇烈，外匯風險日益增加。1973 年開始的石油危機，又使西方國家的通貨膨脹率居高不下。很多國家為了對付通貨膨脹運用了利率工具，導致金融市場的利率大幅波動。由此，規避通貨膨脹風險、利率風險和匯率風險成為金融交易的一項迫切需求。衍生金融工具恰好能有效地轉移投資者某些不願承擔的風險給願意承擔者。伴隨著各國政府逐漸放鬆金融管制、金融業日益加劇的競爭環境、通訊和信息處理技術的巨大進步、衍生工具估價模型和技術的進展等客觀狀況，多方面的因素共同促使金融衍生工具迅速繁衍發展。

二、衍生金融工具的特點

（一）聯動性

衍生金融工具是與金融相關的派生物，通常是從原生資產派生出來的。衍生金融工具的價值與基礎產品或基礎變量緊密聯繫、規則變動。

（二）跨期性

衍生金融工具是交易雙方通過對利率、匯率、股價等因素變動趨勢的預測，約定在未來某一時間按照一定的條件進行交易或選擇是否交易的合約。無論是哪一種衍生金融工具，都是合約成交後在未來進行結算的。

（三）槓桿性

衍生金融工具交易一般只需要支付少量保證金或權利金就可以簽訂全額合約，不需實際上的本金轉移，合約的了結一般也採用現金差價結算的方式進行，以小搏大的效果十分突出。這種利用保證金交易的槓桿效應在一定程度上決定了衍生金融工具的高投機性和高風險性。

（四）高風險性

衍生金融工具的交易後果取決於交易者對基礎工具未來價格的預測和判斷的準確程度。其槓桿效應使交易者在收益可能成倍放大的同時，所承擔的風險與損失也會成倍放大，基礎工具價格的輕微變動也許就會帶來交易者的大盈大虧。而基礎工具價格的本身是變幻莫測的，這決定了衍生金融工具交易盈虧的不穩定性。此外，衍生金融工具也要面臨信用風險、市場風險、流動性風險、結算風險、操作風險、法律風險等。

三、衍生金融工具的分類

（一）金融遠期

金融遠期是最基礎的一種衍生金融工具，是指買賣雙方在未來某一預定日期以預

定價格購買或出售一定數量的金融資產的合約。預定日期稱為到期日，預定價格稱為遠期價格，一定數量的金融資產稱為原生資產或標的物資產。遠期合約在簽署之前，買賣雙方會就將來交換的資產種類、數量、價格和交割結算的日期等內容進行談判，合約條款因合約雙方的需要不同而不同，一般通過場外市場達成。

（二）金融期貨

期貨合約是標準化了的遠期合約，是在交易所達成的標準化的、受法律約束並規定在將來某一特定時間和地點交易一定數量和質量的某種資產的合約。其最大的特點就是每張合約所包含的內容，如標的資產的種類、數量、交貨時間和地點等都是既定的，唯一的變量是價格。

根據標的資產的不同，我們可以把期貨分成商品期貨和金融期貨。商品期貨是以實物商品為標的資產的期貨合約，如交易大豆、玉米等的期貨就屬於商品期貨。金融期貨是以各種金融商品為交易對象的期貨合約，如貨幣期貨、利率期貨、股票價格指數期貨等。

貨幣期貨是金融期貨中最早產生的品種，指以匯率為標的物的期貨合約。通過貨幣期貨，交易者可以實現確定外匯匯率，以避免由匯率波動而帶來的損失，各國從事對外貿易和金融業務的投資者可以利用貨幣期貨合約管理外匯風險。1972年，美國芝加哥商業交易所的國際貨幣市場推出第一張貨幣期貨合約並獲得成功後，英國、澳大利亞等國相繼建立貨幣期貨的交易市場，貨幣期貨交易成為一種世界性的交易品種。

利率期貨是繼外匯期貨之後產生的又一個金融期貨類別，指以一定數量的某種與利率相關的商品作為標的物的期貨合約。標的物主要是各種期限的固定利率有價證券。當利率發生變化時，固定利率有價證券的價格就會隨之發生變化，給證券持有者帶來風險。利率期貨能夠幫助持有者規避固定利率有價證券的利率風險。

股票價格指數期貨是金融期貨中最晚產生的一個品種，指以股票價格指數為標的物的期貨合約。股票市場上的股票價格處於不斷波動之中，股票價格指數是反應整個股票市場上各種股票的市場價格總體水準及其變動情況的一種指標。股票價格指數期貨是為適應人們管理股市風險，尤其是系統性風險的需要而產生的。股票價格指數期貨不涉及股票本身的交割，其價格根據股票指數計算，合約到期後，合約持有人只需交付或收取到期日股票價格指數與合約成交指數差額所對應的現金，即可了結交易。第一份股票價格指數期貨是芝加哥商品交易所於1982年4月設計的標準普爾500種股票指數期貨合約，目前股票價格指數期貨已經成為金融期貨市場上最熱門和發展最快的交易品種。

（三）金融期權

金融期權也稱金融選擇權，是以期權為基礎的金融衍生產品，指期權的買方有權在確定的時間或約定的時期內，按照約定的價格買進或賣出一定數量的某種金融資產，也可以根據需要放棄行使這一權利。期權交易實際上是一種權利的單方面有償讓渡。金融期權的購買者為了取得這樣一種權利，必須要向出售者支付一定數額的費用，這筆費用就是期權費。

金融期權市場種類繁多，按權利性質劃分，可分為看漲期權和看跌期權。看漲期

權又稱為買入期權，是指賦予期權的買方在約定的時間以約定的價格從期權賣方手中買入一定數量的金融工具權利的合約。投資者之所以會買入看漲期權，是因為他預期標的資產的價格將會上漲。看跌期權又稱賣出期權，是指期權的買方具有在約定的時間按約定的價格向期權賣方賣出一定數量的金融工具權利的合約。投資者之所以會買入看跌期權，是因為他預期標的資產的價格將會下跌。

金融期權按權利執行時間的不同，可分為美式期權和歐式期權；按交易對象的不同，還可以分為外匯期權、利率期權、股票期權、股票指數期權等。

（四）金融互換

金融互換是指兩個或兩個以上的經濟主體之間達成協議，以按照事先約定的方式在將來交換現金流。這是一種按需定制的交易方式，典型的金融互換交易合約通常包括以下幾個方面的內容：交易雙方、合約名義金額、互換的貨幣、互換的利率、合約到期日、互換價格、權利義務、價差、仲介費用等。

金融互換的主要種類有利率互換和貨幣互換。利率互換是指合同雙方同意在未來的某一特定日期以未償還貸款本金為基礎，相互交換利息支付合同。貨幣互換是指以一種貨幣表示的一定數量的資金以及在此基礎上產生的利息支付義務，與另一種貨幣表示的相應的資本額以及在此基礎上產生的利息支付義務進行相互交換。利率互換和貨幣互換可以使交易雙方減少融資成本，解決各自資產負債管理需求與資本市場需求之間的矛盾。

本章思考題

1. 什麼是金融市場？其含義可包括幾個層次？
2. 金融市場的特徵有哪些？
3. 金融市場的交易主體有哪些？
4. 金融市場有哪些分類？
5. 金融市場的功能是什麼？
6. 什麼是貨幣市場？貨幣市場有什麼特點？它包括哪些子市場？
7. 什麼是資本市場？資本市場的基本功能是什麼？它包括哪些子市場？
8. 什麼是衍生金融市場？衍生金融工具有什麼特點？它包括哪些子市場？

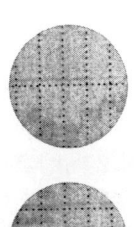

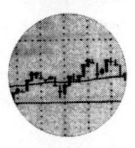

第七章　國際金融

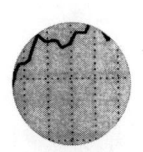

隨著世界經濟和科技的發展，全球經濟一體化進程加劇，國與國之間各種商品、科技和服務的交換日益劇增。在國際貿易中，貨幣之間的兌換的交割是重要環節，本國貨幣的匯率升貶值，影響一國經濟的進出口，進而影響整個經濟體的平衡。經濟關係是國與國關係的核心，國際金融問題就顯得尤為重要。

第一節　國際收支

一、國際收支的概念

國際收支是一個國家對外經濟政治、文化教育等交往活動引起的，隨著各國國際交往內容的擴大，國際收支的含義也在不斷豐富和發展。

狹義的國際收支是指一個國家一定時期對外的貿易收支。廣義的國際收支是指一個國家一定時期內進行的全部國際經濟交易的綜合，不僅包括對外貨幣收支的國際經濟關係，還包括國家之間的無償援助、易貨貿易等。國際收支這一概念最早出現於17世紀初期，在一戰之前的重商主義思想的影響下，是國際收支的定義是以國與國貿易為主的。一戰後國際信用、國際資本流動的加速使國際債權債務的清償成為國際收支的主要內容。二戰後由於國際經濟的內容和方式發生了變化，各國國際收支的概念採用廣義定義。

二、國際收支均衡

（一）國際收支平衡表

國際貨幣基金組織對國際收支平衡表的定義是：國際收支平衡表是一種系統記載特定時期（通常是一年），一國（或地區）與世界其他經濟體之間各項經濟交易的統計報表，是將一國一定時期對外全部經濟交易，根據交易內容與範圍按照經濟分析的需要，分類設置帳戶編寫出來的統計報表。反應了一國（或地區）國際收支狀況。

國際收支平衡表（Balance of Payment Statement）是指按照一定編製原則和格式，對一個國家一定時期內的國際經濟交易進行分類、匯總，以反應和說明該國國際收支狀況的統計報表。各國編製國際收支平衡表的目的是瞭解本國的涉外經濟關係，並以此進行經濟分析，制定合理的對外經濟政策（表7-1）。

表7-1　　　　　　　　　　　國際收支平衡表基本結構

項目	項目
一、經常項目	二、資本和金融項目
（一）貨物與服務	（一）資本項目
1. 貨物	（二）金融項目
2. 服務	1. 直接投資

表7-1(續)

項目	項目
運輸	中國在外直接投資
旅遊	外國在本國直接投資
通信服務	2. 證券投資
建築服務	股本證券
保險服務	債務證券
金融服務	(中) 長期債券
計算機和信息服務	貨幣市場工具
專有權使用費和特許費	3. 其他投資
諮詢	貿易信貸
廣告、宣傳	貸款
電影、音響	貨幣和存款
其他商業服務	其他資產（負債）
別處未提及的政府服務	4. 儲備資產
(二) 收益	三、淨誤差與遺漏
1. 職工報酬	
2. 投資收益	
(三) 經常投資	
1. 各級政府	
2. 其他部門	

　　國際收支平衡表按照復式記帳原理編製，每一筆經濟交易同時以相同金額分記借貸兩房，即有借必有貸，借貸必相等。因為，每筆交易都有兩個方面，出售商品，買方回去的相應的貨款；購買商品，買方會支付相應的貨款。此道理在金融資產交易和國際清償方面也同樣適用。國際收支平衡表記錄的是一國在一定時期內對外交易的發生額，而不是某個時點的交易餘額，按照權責發生制編製，即採用與所有權變更相一致的原則來確定交易被記載的時間。

　　國際收支平衡表通常分為三個子項目：經常項目、資本與金融項目、錯誤與遺漏，具體詳見表 7-1。

　　經常項目包括：貨物和服務、收入和經常轉移。第一部分貨物和服務，貨物包括一般商品、用於加工的貨物、貨物修理、非貨幣黃金四個子項目；服務又稱為勞務貿易或無形貿易，主要包括運輸、旅遊、其他各類服務。第二部分收入，又稱為收益，反應生產要素流動引起的生產要素報酬的收支，包括「職工報酬」和「投資收入」兩項內容。職工報酬是指以現金或實物形式支付給非居民工人的工資；投資收入是指居民因擁有了國外金融資產而得到的收入，又包括直接投資收入、間接投資收入和其他

投資收入三個部分。第三部分經常轉移，又稱為無常轉移或單方面轉移，主要包括所有非資本的轉移項目，例如，政府轉移、私人轉移。

資本與金融項目包括：資本項目、金融項目。資本項目反應了資產在居民與非居民之間的轉移。金融項目反應的是居民與非居民之間投資於借貸的增減變化，該項又包括直接投資、證券投資、其他投資以及外匯儲備。

國際收支平衡表由於編製原則採用復式記帳法，其借方總額與貸方總額相抵之後的總淨值應該為零。但由於統計資料的誤差、走私、資本外逃等原因，借貸雙方不可避免地出現借貸不平衡現象，因此設錯誤與遺漏項目來體現借貸必相等原則。

(二) 國際收支平衡表的編製原理

國際收支平衡表按照復式簿記原理記帳，一切收入項目或對外負債的增加都記在貸方，以正號表示，表示流入；一切支出項目或對外負債減少、資產持有額增加都計入借方，以負號表示，表示流出。在國際收支平衡表中，商品、勞務的出口、資本流入及來自外國的單面轉移，都記入貸方；商品、勞務的進口、資本流出及對外國的單方面轉讓，都記入借方。其中，資本流入是本國對外的金融資產減少，或本國對外的負債增加；資本流出是指本國對外的金融資產增加，或本國對外的負債減少。

我們通過舉例來說明國際收支平衡表的記帳方法。假設其一小國 W 國某年度發生了如下幾筆經濟業務：

(1) W 國商人向英國某公司出口了 100 萬美元電子元件，獲得該筆貨款匯入國內帳戶。W 國出口商品，獲得外匯收入。

借：收入　　　　　　　　　　　　　　　　　　　100 萬美元
　貸：商品出口　　　　　　　　　　　　　　　　　100 萬美元

(2) W 國居民到外國去旅遊，在國內購匯 10 萬美元，該筆款項結餘 1.2 萬美元，直接存在海外銀行帳戶中。

借：服務-旅遊服務　　　　　　　　　　　　　　　8.8 萬美元
　　海外銀行存款　　　　　　　　　　　　　　　　1.2 萬美元
　貸：外匯儲備　　　　　　　　　　　　　　　　　10 萬美元

(3) 外商以市場價值 2,000 萬美元的技術直接投資於 W 國，設立合資企業。

借：專有權使用費　　　　　　　　　　　　　　　2,000 萬美元
　貸：外商直接投資　　　　　　　　　　　　　　2,000 萬美元

(4) W 國動用外匯儲備 10 萬元對 Y 國進行人道主義無償捐贈，另外還提供相當於 10 萬美元的藥品進行援助。

借：經常轉移　　　　　　　　　　　　　　　　　20 萬美元
　貸：官方儲備　　　　　　　　　　　　　　　　　10 萬美元
　　　商品出口　　　　　　　　　　　　　　　　　10 萬美元

(5) W 國的某企業海外投資產生利潤 100 萬美元，其中 10 萬美元用於當地再投資，50 萬美元用於購買當地貨物運回國內，40 萬美元匯入國內，並結算成 W 國貨幣。

借：對外長期投資　　　　　　　　　　　　　　　10 萬美元
　　商品進口　　　　　　　　　　　　　　　　　　50 萬美元

官方儲備　　　　　　　　　　　　　　　　　　　　40 萬美元
貸：海外投資利潤收入　　　　　　　　　　　　　　100 萬美元

表 7-2　　　　　　　　W 國某年度國際收支平衡表　　　　　　單位：萬美元

項目		借方	貸方
經常項目	貨物	50	100
			10
	服務	8.8	
	專有權使用費	2,000	
	收入	100	100
	經常轉移	20	
資本金融項目	直接投資	10	2,000
	其他投資	1.2	
	官方儲備	40	10
			10
總計		2,230	2,230

（三）國際收支的平衡與失衡

國際收支平衡表由於採用借貸記帳法，借貸雙方在淨誤差與遺漏帳戶的設置下，借貸雙方必然相等。因此國際收支平衡表的平衡，並不代表著國際收支的平衡。事實上，一國國際收支完全平衡幾乎是不可能的。要說明國際收支均衡與失衡就必須理解自主性交易與補償性交易。

自主性交易（Autonomous Transactions），是指經濟主體或居民個人出於某種自主性目的如追求利潤、減少風險、資產保值、逃稅避稅、逃避管制或投機等而進行的交易活動。比如，居民個人進行的商品和勞務交易，金融機構進行的對外直接投資、證券投資活動等。自主性交易體現的是經濟主體或居民個人意志，不代表哪一個國家或政府的意志，因而具有事前性、自發性和分散性的特點。

補償性交易（Compensatory Transactions），又稱為調節性交易是指中央銀行或貨幣當局出於調節國際收支差額、維護國際收支平衡、維持貨幣匯率穩定的目的而進行的各種交易，包括國際資金融通、資本吸收引進、國際儲備變動等。補償性交易是在自主性交易出差額時，為了彌補或調解這種差額，由政府出面進行的交易活動，體現了一國政府的意志，具有事後性、集中性和被動性。

一國的國際收支是否平衡，關鍵是看自主性交易所產生的借貸金額是否相等。在國際收支平衡表下，觀察自主性交易項下的借貸雙方，不難發現不是借方大於貸方就是貸方大於借方，兩者相等的情況很少見。

（四）國際收支失衡的原因及其影響

1. 國際收支失衡的原因

國際收支失衡的原因可能也有很多，但概括起來主要有週期性失衡、貨幣性失衡、結構性失衡、收入性失衡以及臨時性失衡。

週期性失衡（Cyclical Disequilibrium）是指由於一國經濟週期性波動引起該國國民收入、價格水準、生產和就業發生變化而導致的國際收支失衡。一國經濟會呈現衰退、蕭條、復甦和繁榮的週期性變化。不同週期會影響國民收入水準，進而影響國民需求的變化。例如，當經濟處於衰退和蕭條時期，社會總需求下降，進口需求也相應下降，國際收支可能會產生順差。反之經濟復甦和繁榮階段，社會總需求上升，進口需求也相應上升，國際收支很可能會產生逆差。

貨幣性失衡（Monetary Disequilibrium）是指在一定匯率下國內貨幣成本與一般物價變化而引起進出口貨物價格變化，從而導致的國際收支失衡。例如，如果一國國內發生通貨膨脹，抬高商品價格，那麼出口商品價格提升勢必削弱本國商品在國際市場上的競爭能力，起到抑制出口的作用。與此同時，國內貨物成本上升就顯得進口商品更便宜，於是進口需求上升，可能導致貿易收支逆差。

結構性失衡（Structural Disequilibrium）是指國內經濟、產業結構不能適應世界市場的變化而發生的國際收支失衡。當一國所生產的產品在國際市場表現的缺乏創新性，並被他國先進產品不斷取代，那麼就會導致一國商品的出口困難。這種失衡在發展中國家較為常見。

收入性失衡（Income Disequilibrium）是指由於各種經濟條件的變化引起過敏收入的較大變動導致的國際收支不平衡。例如，當一國國民收入大幅度增加時，社會總需求擴大，在開放型經濟下，不一定會帶來國內物價的上漲，也可能是進口增加；反之當國民收入因為一些原因減少時，國民對進口產品的需求下降，就會緩解國際逆差。

臨時性失衡（Accidental Disequilibrium）是指短期的、由非確定或偶然因素引起的國際收支失衡現象。例如，當一國遭遇他國經濟制裁導致的出口不暢，就會在短期內帶來國際收支的逆差等。

2. 國際收支的調節

（1）自動調節機制。對一個國家而言，無論是經濟持續順差還是持續逆差都會對國內經濟產生不良影響。在一定條件下，國際收支失衡引起國內經濟變動對國際收支產生反作用，從而使國際收支達到平衡，這就是收支失衡的自動調節機制。

最具代表性的是18世紀中葉，英國哲學家、經濟學家大衛·休謨提出的著名的「價格—現金流動機制」，它所描述的是金本位環境下，一個國家的收支可以通過物價的漲落和黃金的輸出與輸入自動恢復平衡。

在紙幣流通條件下，國際收支的自動調節機制依然存在，是通過價格、匯率、利率、收入等經濟變量發揮作用。

當一國的國際收支出現順差時，國際貨幣市場貨幣供給增多，引起國內信用膨脹，利率下降，投資與消費相應上升，國內需求量增加，對貨幣形成一種膨脹式壓力，使本國物價與出口商品價格隨之上升，從而減弱了本國出口商品的國際競爭力，出口減

少，進口增加，國際收支順差逐步減少直至平衡。這就是價格機制自動調劑調節收支不平衡的原理。

當一國國際收支發生逆差時，該國貨幣市場貨幣存量減少，銀根趨緊，利率上升。利率的上升表明本國金融資產收益率的上升，從而對本國金融資產的需求相對上升，對國外金融資產的需求隨之下降。這樣一來經常帳戶的逆差會通過金融資本帳戶的順差來平衡。這是利率機制自動調節收支不平衡的原理。

當一國國際收支出現順差時，本國貨幣市場上的外匯供給大於外匯需求，供求關係的改變的導致本幣的升值，本國出口商品的以外幣表示的國際市場價格上漲，進口商品價格下降，於是出口減少，進口增加，貿易順差狀況得以改善。反之，當逆差出現，本國貨幣貶值，出口商品的價格競爭力提升，出口增加，進口減少，貿易逆差得到改善，國際收支狀況趨向平衡。這是匯率機制自動調節收支不平衡的原理。

當一國國際收支出現逆差時，國民收入水準會下降，而收入的下降勢必帶來國民總需求的下降，進口需求下降，貿易收支得到改善。國民收入的下降不僅能改善貿易收支，還會使對外勞務和金融資產的需求得到不同程度的下降，改善經常項目收入和資本與金融帳戶收支情況，改善逆差。這是收入機制調節調節收支不平衡的原理。

（2）政策調節機制。政策調節機制不同於經濟變量對國際收支失衡的自動平抑，當收支失衡影響一國經濟健康穩定發展時，一國政府及貨幣當局必然會採取一定的措施加以調節。在早期重商主義思想影響下，一國更多地會採取政策干預逆差的蔓延和發展，但隨著經濟意識的發展政府也注重對國際收支順差的調節。

一國對國際收支失衡的經濟政策調節主要分為：財政政策調節、貨幣政策調節、信用政策調節、外貿政策調節等方面。

財政政策調節主要通過改變政府支出來實施，主要通過稅收政策、貼現政策、存款準備金比率政策、建立外匯平準基金、匯率政策干預國內經濟，通過改變社會總需求或經濟支出的總水準，進而改變對外國商品、勞務和金融資產的需求，以此來調節國際收支失衡的一種政策。

貨幣政策調節是指一國貨幣當局通過改變貨幣供給量從而調整市場利率水準，著重在於改善國際收支資本帳戶變動。當貨幣供應量上升，市場基準利率下降，致使遊資的撤離，扼制資本帳戶順差；貨幣供應量下降，市場基準利率上升，有引追逐利差的資金進入，低於資本帳戶逆差，進而達到影響國際收支狀況變動的政策效應。

信用政策調節是指利用國際信貸方式調節收支失衡。例如當逆差發生時，一國政府可以向國際金融市場借款，雖然利率較高，但由於這種方式現值較少，使用方便，目前是國際社會常用的一種平抑逆差的方式，反之，當發生順差現象，可以通過向國際金融市場貸方資金實現貨幣資源的輸出。信用調節主要用於解決臨時性的國際收支失衡。

外貿政策調節是指為了改善國際收支，許多國家採用一些保護性外貿政策干預進口，或限制出口來實現國際收支失衡的調節。但是這種直接政策管制有悖於正常的市場機制，容易受到國際社會的指責，還會使庇護者有依賴性，阻礙經濟的正常發展。

第二節　外匯與匯率

一、外匯的基本概念

　　在開放經濟中各個國家都不同程度地需要同其他國家進行貨幣經濟往來。商品的貿易、資金的匯兌、資本的國際間轉移，以及國與國之間債權債務的清算與支付，最終都要通過貨幣。外匯是指以外國貨幣表示的並可用於國際結算的信用票據、支付憑證、有價證券以及外幣現鈔。外匯作為一種對外支付手段，是一種具有融通性質的債權，也是對外國商品和服務的要求權。

　　外匯具有動態和靜態的含義。動態含義外匯是一種國際匯兌的過程和行為。靜態含義的外匯是一種以外幣表示的用於國際間結算的支付手段。國際貨幣基金組織對外匯的定義是：外匯是貨幣行政當局以銀行存款、國庫券、長短期政府債券等形式所保有的在國際收支逆差時可以使用的債券。按照中國1981年的《外匯管理暫行條例》規定：外匯包括外國貨幣、外國有價證券、外幣支付憑證、境外人壽保險金等其他外匯資產。

二、匯率的相關知識

（一）匯率的標價方法

　　外匯的價格不同於其他商品的價格，商品的價格只能用貨幣表示或標價，而不能反過來。外匯買賣的對象雙方都是貨幣，都是表示商品價格或雙方貨幣價格的材料。究竟以本國貨幣表示外國貨幣的價格，還是用外國貨幣表示本國貨幣的價格，這就出現了兩種匯率標價法。

　　直接標價法（Direct Quotation）是以一定的本國貨幣表示外國貨幣的價格，即「1外幣＝N本幣」。也就是說為了購買一定單位的外國貨幣，需要支付多少本國貨幣，因此這種標價法又稱為應付標價法。

　　間接標價法。（Indirect Quotation）是以一定的外國貨幣表示本國貨幣的價格，即「1本幣＝N外幣」。也就是說賣掉一定單位的本國貨幣，可以收到多少外國貨幣，因此這種標價法又稱為應收標價法。

　　直接標價法和間接標價法的本質並沒有什麼不同，僅僅是站在不同國家的角度而已，只是在日常的升貶值描述中，要注意是哪種貨幣升值，哪種貨幣貶值。例如，在直接標價法下，如果外匯升值，N的數字會上升，反之下降；在間接標價法下，如果外幣升值，那麼N的數字會下降，反之上升。包括中國在內的世界上大部分國家都採用直接標價法，只有曾在國際政治舞臺上佔有統治地位的貨幣才慣用間接標價法。如今使用間接標價法的國家有美國、英國、澳大利亞等少數國家。

（二）匯率的種類

　　匯率（Foreign Exchange Rate）是一種貨幣表示另一種貨幣的價格，或者說是兩種貨幣進行匯兌時的比價。匯率的種類多種多樣，從不同的角度劃分可以有不同類別：

1. 按照確定匯率的方法劃分——基本匯率和套算匯率

基本匯率是一國貨幣對關鍵貨幣的匯率。套算匯率是根據基本匯率和國際外匯市場行市套算出來的一國貨幣對其他貨幣的匯率。例如，某日中國人民幣對美元基本匯率確定為 1 美元 = 6.553,5 元人民幣，同時倫敦外匯市場 1 英鎊 = 1.501,0 美元，則人民幣對英鎊的匯率可根據基本匯率和外匯行市套算為 1 英鎊 = 6.553,5 × 1.501,0 = 9.836,8 元人民幣，該匯率即為套算匯率。

2. 按照外匯定價的方主體劃分——官方匯率和市場匯率

官方匯率是指由一個國家的貨幣當局所規定並且進行維持的匯率，如中國、朝鮮等國家的匯率曾經是由官方制定和公布的匯率。是由國家的貨幣金融管理機構，如中央銀行或外匯管理當局所公布的匯率。官方匯率是外匯管制較嚴格的國家授權其外匯管理當局制定並公布的本國貨幣與其他各種貨幣之間的外匯牌價。市場匯率是指在自由市場上買賣外匯，幣值取決於供求關係的實際匯率。

3. 按照外匯資金的用途劃分——貿易匯率和金融匯率

貿易匯率亦稱商業匯率，是用於進出口貿易貨款及其從屬費用外匯結算的匯率。由於貿易外匯的收支，是決定一國國際收支狀況好壞的最重要因素，所以有些國家在採用官方匯率與金融匯率（亦稱非貿易匯率）同時並存的雙重匯率制下，對一切貿易外匯的收支均按貿易匯率辦理結算，以達到獎勵出口、限制進口、改善國際收支狀況的目的。金融匯率是指適用於資金移動、旅遊事業等非貿易收支的匯率。

4. 按照政府允許使用匯率的種類劃分——單一匯率和復匯率

單一匯率是指在實行外匯管制的國家，對同一種外匯僅規定一種官方匯率，各種外匯交易均按這同一匯率結算。不同於單一匯率，復匯率亦稱多種匯率，是指一國對本國貨幣與外國貨幣的兌換規定有兩種以上同時並存的官方匯率，每種匯率只適用於某種交易或某種商品。1929 年資本主義世界經濟危機以後，德國和一些拉丁美洲的國家，首先採用復匯率制度。

5. 按外匯交易的交割期限劃分——即期匯率和遠期匯率

即期匯率也稱現匯率，是指某貨幣目前在現貨市場上進行交易的價格。即是交易雙方達成外匯買賣協議後，在兩個工作日以內辦理交割的匯率。這一匯率一般就是現時外匯市場的匯率水準。遠期外匯買賣的匯率，通常在遠期外匯買賣合約中規定的遠期合約到期時，無論即期匯率變化如何，買賣雙方都要按合約規定執行交割的匯率。

三、匯率的決定

（一）金本位制度下匯率的決定基礎

金本位貨幣制度下，決定匯率的基礎是鑄幣平價。在金本位下，各國都會規定每一單位金幣所含有的黃金重量和成色，也就是每國都為其鑄幣規定一個含金量，即金平價（Gold Par）。當然鑄幣平價決定的匯率只是基礎匯率，實際匯率的高低還要受市場供求關係的影響，但實際匯率一般不會偏離鑄幣平價太遠，或者說這種匯率是比較穩定的。

（二）紙幣制度下匯率的決定基礎

紙幣制度下決定匯率的基礎是紙幣實際代表或其具有的價值量。最初的紙幣只是

金屬貨幣的代表，代表金屬貨幣執行流通手段的職能。但隨著布雷頓森林體系的瓦解，紙幣與貴金屬黃金脫鉤。紙幣流通制度下，紙幣發揮的主要作用是交易媒介功能，實現自己的購買力時，它的貨幣作用才能得以充分體現。也就是說在紙幣流通條件下，匯率實質上是兩國貨幣以各自代表的價值量為基礎而形成的交換比例，即紙幣的購買力決定基礎匯率。

（三）影響匯率波動的主要因素

既然匯率是貨幣價格的一種形式，那麼匯率波動就很自然的事情。在自由兌換條件下，某種商品供過於求，則價格就下跌，某種商品供不應求，則其價格就會上升，貨幣亦然。

總體來講影響匯率變動的因素可以分為三個大類：經濟因素、政策因素、其他因素。

1. 影響匯率的經濟因素

（1）國際收支。國際收支對一國匯率的變動能產生直接的影響。一個國家的貨幣收入總額與付給其他國家的貨幣支出總額的對比，如果貨幣收入總額大於支出總額，便會出現國際收支順差。發生國際收支順差，會使該國貨幣對外匯率上升，反之，該國貨幣匯率下跌。這是影響匯率的最直接的一個因素。一般來說長期的巨額國際收支逆差，肯定會導致本國貨幣匯率下降，但是暫時的小額的國際收支差額不易發生匯率變動，這是因為金融資本帳戶的個別資本流動，可一定程度上平抑經常帳戶上的波動。

（2）通貨膨脹。通貨膨脹影響本幣的價值和購買力會導致出口商品競爭力減弱、進口商品增加，還會引發對外匯市場產生心理影響，削弱本幣在國際市場上的信用地位。這三方面的影響都會導致本幣貶值；物價水準和通貨膨脹水準的差異，在紙幣制度下，匯率從根本上來說是由貨幣所代表的實際價值所決定的。按照購買力評價說，貨幣購買力的比價即貨幣匯率。如果一國的物價水準高，通貨膨脹率高，說明本幣的購買力下降，會促使本幣貶值。

（3）資本流動。資本在不同國家間大量流動會使匯率發生重大變動。資本的大量流入，會增加對流入貨幣的需求，使流入國的外匯供應增加，外匯供應的相對充足和對流入國本幣需求的增長，會使本幣幣值上升，外幣匯率下降；相反，一國資本大量流出就會出現外匯短缺、對本幣需求下降的情況，使本幣幣值下降、外幣匯率上升。

2. 影響匯率的政策因素

（1）利率政策。利率對匯率波動起決定性作用。利率水準直接對國際間的資本流動產生影響，高利率國家發生資本流入，低利率國家則發生資本外流，資本流動會造成外匯市場供求關係的變化，從而對外匯匯率的波動產生影響。利率評價說從中短期解釋了匯率的原因，認為利率對匯率的影響主要是通過對套利資本流動的影響來實現的。溫和的通貨膨脹下，較高利率會吸引外國資金的流入，同時抑制國內需求，進口減少，使得本幣升高。但在嚴重通貨膨脹下，利率就與匯率呈負相關的關係。

（2）匯率政策。匯率政策是一國政府通過公開宣布本國貨幣貶值或升值的辦法，又稱為法定匯率變動。本幣法定升值是一國對外國貨幣的兌換比率以使貨幣對外價值提高，本幣法定貶值是使一國貨幣對外價值降低，這種匯率干預政策會導致復匯率的

出現，對市場實際匯率變動的影響能力有限。

（3）外匯干預政策。外匯干預政策是一國政府或貨幣當局通過運用外匯平準基金借入市場，採用市場的手段干預本國貨幣的匯率變化，例如，持有外匯平準基金大肆購買本國貨幣，會帶來本國貨幣的升值；反之拋售本國貨幣買入外匯，會導致本國貨幣貶值。這種手段不同於行政手段，而是介入市場，因此匯率政策手段主要是對市場規則的遵守使市場實際匯率變化。

3. 影響匯率的其他因素

影響匯率變動的其他因素有政治因素、心理因素、投機因素和偶然因素等。政治因素是國內大的或國際性的政治、軍事等突發事件，對匯率變動有著不可忽視的影響作用。心理因素是人們對外匯市場信息的獲取及心理預期對交易行為的影響帶來的匯率短期波動，具體來說當人們普遍對某貨幣的前景看好，這種貨幣就會被大量買進，從而升值，反之貶值。投機因素主要是指國際流動的「熱錢」對一國經濟的衝擊，短期內的本幣外幣兌換，帶來的匯率波動。偶然因素，主要是指天災、謠傳等對匯率的影響。

總之，上述因素對匯率的影響是錯綜複雜的，有時多種因素同時起作用，有時一種因素的作用會被另一種因素帶來的影響抵消。總之分析實際匯率走勢時，要站在一個宏觀的角度，多層次多方面的進行考量。

第三節　國際儲備

一、國際儲備的性質

國際儲備是一國綜合實力，尤其是金融實力的重要表現之一，它直接影響著一國經濟發展的總體水準，對一個國家的國際收支情況、匯率穩定以及國際貿易的順利進行都有著深刻的影響力。

國際儲備（International Reserve）又稱國際儲備資產，是指一國官方所持可用於國際支付，並能維持本國貨幣匯價的貨幣資產。主要由下列幾部分組成：官方持有的黃金儲備、官方持有的自由兌換外國貨幣、在國際貨幣基金組織的儲備頭寸和特別提款權。

作為一國的國際儲備資產，最主要的功能就是用於平衡國際收支以及維持匯率穩定，因此國際儲備一般具有這樣的三大屬性，即普遍可接受性、幣值相對穩定性、可隨時獲得性。普遍可接受性是指一國的國際儲備用於對外支付時，應當能夠被絕大多數國家接受；幣值相對穩定是他國願意持有該國貨幣的重要因素；可隨時獲得就意味著一國的儲備資產需要被動用時，可以被一國政府隨時提用或兌換成所需要的資產，也就是說儲備資產有自由兌換性和流動性。

二、國際儲備的管理

（一）國際儲備管理的原則

對於國際儲備的管理，各國的國情有靈活多樣的原則和方法，但基本原則主要圍

繞以下三點：

1. 儲備資產的安全性

國際儲備不同於企業資產，作為價值儲藏手段，最先被考慮的是存放的安全。選擇外匯儲備的幣種、存放的信用工具等，都要考慮到通貨膨脹、匯率變動以及各貨幣發行國的政策因素，盡量避免儲備貨幣的貶值。

2. 儲備資產的流動性

國際儲備的重要作用就是彌補收支逆差，滿足政府對外緊急支付的需要。因此不同期限的儲備資產要合理搭配，儲備資產的幣種選擇必須是隨時可以兌現的。

3. 儲備資產的盈利性

在安全性和流動性皆被滿足的情況下，儲備資產的保值與增值是貨幣管理當局的工作重點。一方面要減少儲備資產的機會成本，保持其適度的總規模；另一方面要利用儲備資產獲取收益，選擇適當的金融工具進行投資，使暫時閒置的儲備資產達到增值的目的。

（二）國際儲備資產的適度規模

為了降低國際儲備的機會成本，就要保證儲備資產大的適度規模。所謂適度規模是指一國的國際儲備資產總量上應控制在一個較為合理的水準，一般來說國際儲備總量有四個量化級別：

1. 最低儲備

最低儲備是一國國際儲備的下限，指一國政府僅採用調節政策和國際融資政策來平衡國際收支時所需要的儲備量，理論上講可以為零儲備。

2. 保險儲備

保險儲備是一國國際儲備的上限，是滿足一國對外清償力的國際儲備最大需求量。

3. 經濟儲備

在經濟儲備體系下國際儲備可以滿足正常進口量所需要的對外支付，並能保證經濟的平穩運行，一般根據經驗數據獲得具體儲備量。

4. 最佳儲備

在最佳儲備指標體系下，國際儲備既能滿足一國平衡國際收支的需要，又不會造成資源的現值，最大限度地降低了儲備成本。這是各國政府追求的一個理想指標，這一指標受到一國宏觀經濟規模、年進出口規模、對外開放程度、匯率政策和金融市場完善程度等多方面影響。找到最佳儲備規模，要考量的要素眾多，並且需要參照經驗數據，這對任何一個政府而言，都絕非易事。

第四節　國際貨幣體系

一、國際貨幣體系的演進

國際貨幣體系是各國政府為適應國際貿易與國際結算的需要，對貨幣的兌換、國際收支的調節等所做的安排或確定的原則，以及為此而建立的組織形式等的總稱。國際貨幣體系的主要內容是：①各國貨幣比價的確定，包括匯率確定的原則、波動的界

限、調整的幅度等。②各國貨幣的兌換性與對國際收支所採取的措施,如本國貨幣能否對外兌換以及是否限制對外支付等。③國際儲備資產的確定以及儲備資產的供應方式。④國際收支的調節方法,包括逆差國和順差國承擔的責任。⑤國際金融事務的協調、磋商和有關的管理工作。

國際貨幣體系的形成基本上有兩種:一種是通過管理和習慣演變而形成的,這是一個長期而緩慢的過程;另一種是通過國際性會議建立的。縱觀人類所經歷過的國際貨幣體系,一般來說可以分為三個階段。

(一) 國際金本位制

國際金本位制度是以黃金作為國際儲備貨幣或國際本位貨幣的國際貨幣制度,是世界上首次出現的國際貨幣體系。它大約形成於1880年末,到1914年第一次世界大戰爆發時結束。在金本位制度下,黃金具有貨幣的全部職能,即價值尺度、流通手段、貯藏手段、支付手段和世界貨幣。英國作為世界上最早發達的資本主義國家,是當時最大的工業強國,也是國際資本供給的最主要來源國。英國於1821年前後採用了金本位制度,19世紀70年代,歐洲和美洲的一些主要國家先後在國內實行了金本位制,國際金本位制度才大致形成了。

(二) 布雷頓森林體系

布雷頓森林貨幣體系是指二戰後以美元為中心的國際貨幣體系。布雷頓森林體系是以美元和黃金為基礎的金匯兌本位制,其實質是建立一種以美元為中心的國際貨幣體系,基本內容包括美元與黃金掛勾、國際貨幣基金會員國的貨幣與美元保持固定匯率(實行固定匯率制度)。布雷頓森林貨幣體系的運轉與美元的信譽和地位密切相關。

布雷頓森林體系的主要內容包括以下幾點:

第一,美元與黃金掛勾。各國確認1944年1月美國規定的35美元一盎司的黃金官價,每一美元的含金量為0.888,671克黃金。各國政府或中央銀行可按官價,用美元向美國兌換黃金。為使黃金官價不受自由市場金價衝擊,各國政府需協同美國政府在國際金融市場上維持這一黃金官價。

第二,其他國家貨幣與美元掛勾,其他國家政府規定各自貨幣的含金量,通過含金量的比例確定同美元的匯率。

第三,實行可調整的固定匯率。《國際貨幣基金協定》規定,各國貨幣對美元的匯率,只能在法定匯率上下各1%的幅度內波動。若市場匯率超過法定匯率1%的波動幅度,各國政府有義務在外匯市場上進行干預,以維持匯率的穩定。若會員國法定匯率的變動超過10%,就必須得到國際貨幣基金組織的批准。1971年12月,這種即期匯率變動的幅度擴大為上下2.25%的範圍,決定「平價」的標準由黃金改為特別提款權。布雷頓森林體系的這種匯率制度被稱為「可調整的釘住匯率制度」。

第四,規定各國貨幣兌換性與國際支付結算原則,即會員國未經貨幣基金組織同意,不得對國際收支經常項目的支付或清算加以限制。

第五,確定國際儲備資產。《國際貨幣基金協定》中關於貨幣平價的規定,使美元處於等同黃金的地位,成為各國外匯儲備中最主要的國際儲備貨幣。

第六,國際收支的調節。國際貨幣基金組織會員國份額的25%以黃金或可兌換成

黃金的貨幣繳納，其餘則以本國貨幣繳納。會員國發生國際收支逆差時，可用本國貨幣向基金組織按規定程序購買（即借貸）一定數額的外匯，並在規定時間內以購回本國貨幣的方式償還借款。會員國所認繳的份額越大，得到的貸款也越多。貸款只限於會員國用於彌補國際收支赤字，即用於經常項目的支出。

（三）牙買加貨幣體系

國際貨幣基金組織（IMF）理事會的國際貨幣制度臨時委員會於 1976 年在牙買加首都金斯敦舉行會議，討論布雷頓森林體系瓦解後的國際貨幣體系相關事宜，之後簽訂達成了「牙買加協議」，同年 4 月，國際貨幣基金組織理事會通過了《IMF 協定第二修正案》，從而形成了新的國際貨幣體系——牙買加體系。牙買加體系的主要特點包括以下幾個方面：

第一，黃金非貨幣化。即黃金與貨幣徹底脫鉤，取消國家之間必須用黃金清償債權債務的義務，降低黃金的貨幣作用，使黃金在國際儲備中的地位下降，促成多元化國際儲備體系的建立。

第二，多樣化的匯率制度安排。國際經濟合作的基本目標是維持經濟穩定而不是匯率穩定。牙買加體系允許匯率制度安排多樣化，並試圖在世界範圍內逐步用更具彈性的浮動匯率制度取代固定匯率制度。IMF 把多樣化的匯率制度安排分為以下三種：①硬釘住匯率，如貨幣局制度、貨幣聯盟制等；②軟釘住匯率，包括傳統的固定釘住制、爬行釘住制、帶內浮動制和爬行帶內浮動制；③浮動匯率群，包括完全浮動匯率制以及各種實施不同程度管制的浮動匯率制。

第三，以美元為主導的多元化國際儲備體系。牙買加體系中，可供一國選擇的國際儲備不單只是美元，還有黃金儲備、歐元、日元和英鎊等國際性貨幣、國際貨幣基金組織（IMF）的儲備頭寸、特別提款權（SDRs），儘管如此，美元仍是各國外匯儲備的主要組成部分，由此可見，原有貨幣體系的根本矛盾仍然沒有得到根本解決。

第四，國際收支調節機制多樣化。IMF 允許國際收支不平衡國家可以通過匯率機制、利率機制、資金融通機制等多種國際收支調節手段對國際收支不平衡進行相機抉擇。

二、區域性貨幣制度

區域性貨幣制度指在一定區域國家經濟聯盟和貨幣聯盟的基礎上，由某個區域內的有關國家協商形成一個貨幣區，由聯合組建的一家中央銀行來發行和管理區域內的統一貨幣的制度。目前區域性貨幣制度主要有歐洲貨幣聯盟（歐元）、西非貨幣聯盟制度（西非法郎）、中非貨幣聯盟制度（中非法郎）、東加勒比海貨幣聯盟制度（東加勒比元）、太平洋貨幣聯盟制度（太平洋結算法郎）等。

區域性貨幣制度的建立，是以貨幣一體化理論為依據的。區域是有特定含義的最適度貨幣區，這個區域是由一些彼此間商品、勞動力、資本等生產要素可以自由流動，經濟發展水準和通貨膨脹比較接近，經濟政策比較協調的國家（地區）組成的一個獨立貨幣區，在貨幣區內通過協調的貨幣、財政和匯率政策來達到充分就業、物價穩定和國際收支平衡。

(一) 歐洲貨幣聯盟

歐元是最適度貨幣區理論的偉大實踐。由於歐洲的國家小而多，他們的發展水準接近，他們有相同的歷史文化背景。歐洲貨幣制度的建立和歐元的正式啓動，標誌著現代貨幣制度又有了新的內容並進入了一個新的發展階段。

歐盟15個國家中，除希臘、瑞典、丹麥和英國外，其餘11國（法國、德國、盧森堡、比利時、荷蘭、義大利、西班牙、葡萄牙、芬蘭、奧地利、愛爾蘭）已成為首批歐元國。歐洲中央銀行設在德國的金融中心法蘭克福，首任行長是荷蘭人威廉·杜伊森貝赫。按照歐元系統匯率轉換機制，在1999年1月1日歐元正式啓動的同時，確定了歐元對11國貨幣的匯率，各成員國貨幣與歐元之間的匯率到2002年（過渡期內）各國貨幣被歐元取代以前完全固定，並不得更改。2002年1月1日起，歐元的鈔票和硬幣開始流通，歐元的鈔票由歐洲中央銀行統一設計，由各國中央銀行負責印刷發行；而歐元硬幣的設計和發行由各國分頭完成。2002年7月1日，各國原有的貨幣停止流通，與此同時，歐元正式成為各成員國統一的法定貨幣。

(二) 西非貨幣聯盟制度

西非貨幣聯盟制度，最初建立於1962年5月12日，當時由非洲西部的塞內加爾、尼日爾、貝寧、科特迪瓦、布基納法索、馬里、毛里塔尼亞等7個成員國組成。1963年11月，多哥加入了該聯盟。西非貨幣聯盟成員國原系法國的領地或殖民地，是法郎區的一部分，這些國家在獨立前後的一段時期，使用的貨幣為法屬非洲法郎，1962年11月1日，西非貨幣聯盟成立了西非國家中央銀行，作為成員國共同的中央銀行，總行設在塞內加爾首都達喀爾，在各成員國設有代理機構，總行負責制定貨幣政策，管理外匯儲備，發行共同的貨幣非洲金融共同體法郎，供各成員國使用。

(三) 中非貨幣聯盟制度

中非貨幣聯盟制度由喀麥隆、乍得、剛果、加蓬和中非共和國5個成員國組成，這些成員國原來也是法國殖民地，是法郎區的一部分，與西非貨幣聯盟成員國一樣，獨立前後使用的貨幣也是法屬非洲法郎。1973年4月1日，中非貨幣聯盟成立了共同的中央銀行，稱為中非國家銀行，總行設在喀麥隆首都雅溫得，發行共同的貨幣「中非金融合作法郎」。西非和中非兩個貨幣聯盟雖然各自發行不同名稱的貨幣，但都採取盯住法國法郎的貨幣發行機制，兩種貨幣是等值的。

(四) 東加勒比貨幣聯盟制度

東加勒比貨幣區也屬於區域性貨幣聯盟制度，該貨幣區由安提瓜、多米尼加、格林納達、蒙特塞拉特、聖盧西亞、聖文森特等國組成。1965年，東加勒比貨幣區各國成立了共同的貨幣管理局，廢止了原來的貨幣——英屬西印度元，該貨幣管理局統一發行區內各國共同使用的貨幣——東加勒比元，但不負責對各國銀行的監督，不規定上繳存款準備金，也不承擔最後貸款人的義務。東加勒比元實行與英鎊掛勾的聯繫匯率。1976年7月7日，東加勒比元與英鎊脫鉤，改為釘住美元，20多年來，匯率一直固定在2.70元兌換1美元的水準上。1983年10月1日，東加勒比貨幣區成立了東加勒比中央銀行，取代了原來的貨幣管理局。

(五) 太平洋貨幣聯盟制度

太平洋結算法郎（CFP）是由法國所屬的三個太平洋轄區——瓦利斯群島和富圖

納群島、法屬波利尼西亞、新喀里多尼亞組成的一個區域貨幣組織，這三個地區加在一起的人口還不到百萬。太平洋法郎的匯率最初與法國法郎掛勾，後來改為與歐元掛勾，採用固定匯率，1歐元折合119.332法郎。

三、人民幣匯率制度的歷史演進和現狀

（一）中國外匯管理制度的演變和改革

中國在改革開放以前一直實行高度集中的外匯管理，對外匯集中管理、統一經營。改革開放後，外匯管理體制進行了一系列重大改革，為實現人民幣完全可自由兌換夯實基礎。改革開放後中國外匯管理發展經歷了兩個階段：

1. 改革開放後的初期階段（1981—1994年）

第一階段是人民幣內部結算價與官方匯率並存時期（1981—1984年）。改革開放以前，人民幣匯率長期低於出口創匯成本，但高於國內外消費物價之比。為了擴大出口，人民幣需要貶值，不過人民幣貶值對非貿易外匯收入不利。從兼顧貿易和非貿易兩方面的需要出發，1979年8月政府決定，自1981年1月1日起在官方匯率之外實行貿易內部結算匯率，它以全國出口平均換匯成本加一定幅度的利潤計算出來，明顯低於官方匯率。

第二階段是取消內部結算匯率，進入官方匯率與外匯調劑市場匯率並存時期（1985—1993年）。雙重匯率體制明顯調動了出口企業的積極性，國家外匯儲備也有所增加。但是這種安排存在明顯的問題：第一，從對外關係來看，IMF將雙重匯率看作是政府對出口的補貼，發達國家威脅要對中國出口商品徵收補貼稅。第二，從國內角度來看，雙重匯率造成外匯管理工作中的混亂，而且它在外貿部門仍然吃「大鍋飯」的情況下不能有效抑制進口。所以，從1985年1月1日起取消了內部結算價，人民幣又恢復到單一匯價。

為了配合外貿改革和推行承包制，中國逐步取消財政補貼，從1988年起增加外匯留成比例，普遍設立外匯調劑中心，放開調劑市場匯率，形成官方匯率和調劑市場匯率並存的局面。

2. 改革開放後的中期階段（1994—2005年）

匯率並軌與有管理的浮動匯率制階段。1994年國家外匯體制改革的總體目標是：改革外匯管理體制，建立以市場供求為基礎的、單一的、有管理的浮動匯率制度和統一規範的外匯市場，逐步使人民幣成為可兌換的貨幣。具體措施包括以下幾點：第一，實行以市場供求為基礎的、單一的、有管理的浮動匯率制。1994年1月1日，實行人民幣官方匯率與外匯調劑價並軌。第二，實行銀行結售匯制，取消外匯留成和上繳。第三，建立全國統一的、規範的銀行間外匯交易市場，央行通過參與該市場交易管理人民幣匯率，人民幣對外公布的匯率即為該市場所形成的匯率。1996年12月，中國實現人民幣經常項目可兌換，從而實現了人民幣自由兌換的重要一步。1994年以後，中國實行以市場供求為基礎的管理浮動匯率制度，但人民幣對美元的名義匯率除了在1994年1月到1995年8月期間小幅度升值外，始終保持相對穩定狀態。亞洲金融危機以後，由於人民幣與美元脫鈎可能導致人民幣升值，不利於出口增長，中國政府進一

步收窄了人民幣匯率的浮動區間。1999 年，IMF 對中國匯率制度的劃分也從「管理浮動」轉為「釘住單一貨幣的固定釘住制」。

中國對完善人民幣匯率形成機制進行改革階段。2005 年起人民幣匯率不再釘住單一美元，而是選擇若干種主要貨幣組成一籃子貨幣，同時參考一籃子貨幣計算人民幣多邊匯率指數的變化。實行以市場供求為基礎、參考一籃子貨幣進行調節、有管理的浮動匯率制度。人民幣匯率形成機制改革以來，以市場供求為基礎，人民幣總體小幅升值。

2005 年 7 月 21 日人民幣匯率形成機制改革後，中國人民銀行每個工作日閉市後公布當日銀行間外匯市場美元等交易貨幣對人民幣匯率的收盤價，作為下一個工作日該貨幣對人民幣交易的中間價。自 2006 年 1 月 4 日起，中國人民銀行授權中國外匯交易中心於每個工作日上午 9 時 15 分，對外公布當日人民幣對美元、歐元、日元和港幣匯率中間價，作為當日銀行間即期外匯市場以及銀行櫃臺交易匯率的中間價。即「以市場供求為基礎、參考一籃子貨幣進行調節、有管理的浮動匯率制度」建成。

（二）中國匯率制度現狀

目前中國匯率制度的特點有這樣幾個特點：

第一，匯率決定以市場供求為基礎。根據新的人民幣匯率制度確定的匯率與當前的進出口貿易、通貨膨脹水準、國內貨幣政策、資本的輸出輸入等經濟狀況密切相連，經濟的變化情況會通過外匯供求的變化作用到外匯率上。

第二，有管理的匯率制度。政府必須用宏觀調控措施來對市場的缺陷加以彌補，主要體現在幾個方面：國家通對外匯市場進行監管、國家人民幣匯率實施宏觀調控、中國人民銀行進行必要的市場干預。

第三，浮動的匯率。浮動的匯率制度就是一種具有適度彈性的匯率制度。中國人民銀行於每個工作日閉市後公布當日銀行間外匯市場美元等交易貨幣對人民幣匯率的收盤價，作為下一個工作日該貨幣對人民幣交易的中間價格。現階段，每日銀行間外匯市場美元對人民幣的交易價仍在人民銀行公布的美元交易中間價上下 0.3% 的幅度內浮動，非美元貨幣對人民幣的交易價在人民銀行公布的該貨幣交易中間價 3% 的幅度內浮動率穩定。

第四，匯率變動參考一籃子貨幣。一籃子貨幣是指按照中國對外經濟發展的實際情況，選擇若干種主要貨幣，賦予相應的權重，組成一個貨幣籃子。同時，根據國內外經濟金融形勢，以市場供求為基礎，參考一籃子貨幣計算人民幣多邊匯率指數的變化，對人民幣匯率進行管理和調節，維護人民幣匯率在合理均衡水準上的基本穩定。籃子內的貨幣構成，將綜合考慮在中國對外貿易、外債、外商直接投資等外經貿活動占較大比重的主要國家、地區及其貨幣。參考一籃子表明外幣之間的匯率變化會影響人民幣匯率，但參考一籃子貨幣不等於釘住一籃子貨幣，它還需要將市場供求關係作為另一重要依據，據此形成有管理的浮動匯率。這將有利於增加匯率彈性，抑製單邊投機，維護多邊匯率。

現今，中國人民幣匯率形成的市場機制存在很多不完善之處，比如，當前中央銀行處於頻繁入市干預和托盤的被動局面，銀行還未建立做市商交易制度等。在改革的

道路上，我們應當嘗試建立市場化條件下的央行外匯市場干預模式，改進央行匯率調節機制，建立一套標準的干預模式，給市場一個比較明確的干預信號，盡量減少直接干預，讓市場主體通過自主交易形成公平價格，強化央行的服務職能。此外，中國具有大規模的外匯儲備，這在一定程度上證明了中國的經濟實力，但是也為中國增加聚集了大量的外匯風險。未來如何管理這筆龐大的外匯儲備也是外匯管理制度應該關注的焦點。

本章思考題

1. 簡述國際失衡的原因。如何對國際收支失衡進行調節？
2. 影響匯率變動的因素有哪些？
3. 討論現行人民幣匯率制度的主要內容。
4. 匯率變動對經濟產生哪些影響？

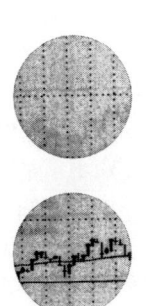

第八章　貨幣供給與需求

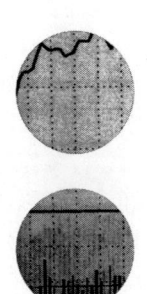

第一節　貨幣需求

一、貨幣需求的含義及特徵

(一) 貨幣需求的定義

商品經濟條件下，生產與交換都必須借助貨幣來實現。人們對於生活中的各種物質、精神需求首先表現為對貨幣的需求。貨幣需求（Demand for Money）是指在一定時期內，各經濟主體（個人、企業單位、政府）願以貨幣形式持有財產的需要，或社會各階層對執行流通手段、支付手段和價值貯藏手段而形成的對貨幣的需求。

當考慮價格因素時，我們可以將貨幣需求分為名義貨幣需求和實際貨幣需求。名義貨幣需求是指社會各個部門在當前價格水準下對貨幣的需求，即用貨幣單位來表示的貨幣數量，如元、馬克、英鎊等，一般用 M_d 表示。而實際貨幣需求就是扣除價格變動因素的影響後的貨幣需求，即用商品來衡量貨幣。通常，它等於名義貨幣需求除以物價水準，即 M_d/P。

(二) 貨幣需求的特徵

要正確理解貨幣需求的概念，還需要把握以下幾點：

第一，貨幣需求是一個存量概念。貨幣需求通常都是從存量角度進行分析的。它考察的是在某個時點和空間內社會各部門在其擁有的全部財產中願以貨幣形式持有的數量和份額。然而由於貨幣存量的多少與流量的大小和速度密切相關，因此，在貨幣需求分析中，就要把存量與流量結合起來，做靜態與動態的全面分析。

第二，貨幣需求是有約束條件的。人們對貨幣的慾望可以是無限的，但對貨幣的需求卻是有限的。貨幣需求是願望與能力的統一。它以收入或財富的存在為前提，是在具備獲得或持有貨幣的能力範圍之內願意持有的貨幣量。人們對貨幣的慾望可以是無限的，但對貨幣的需求卻是有限的。因此，不能將貨幣需求僅理解為一種主觀意願，構成貨幣需求必須同時具備兩個條件：一是必須有獲得或持有貨幣的能力；二是必須願意以貨幣形式保有資產。有能力而不願意就不會形成對貨幣的需求；願意卻無能力則只是一種不切實際的幻想。

第三，貨幣需求不僅包括對現金的需求，而且包括對存款貨幣的需求。因為貨幣需求是所有商品、勞務的流通以及有關一切貨幣支付所提出的需求。這種需求不僅現金可以滿足，存款貨幣也同樣可以滿足。如果把貨幣需求僅僅局限於現金，顯然是片面的。

第四，人們對貨幣的需求既包括了執行流通手段和支付手段職能的貨幣需求，也包括了執行價值貯藏手段職能的貨幣需求。二者差別只在於持有貨幣的動機不同或貨幣發揮職能作用的不同，但都在貨幣需求的範疇之內。

二、貨幣需求的主要決定因素

在界定了貨幣需求的含義後，我們要從微觀、宏觀方面來共同考察貨幣需求變動

的規律，其中最重要的是把握影響和決定貨幣需求的因素。影響貨幣需求的因素很多，主要有以下幾個方面：

（一）收入狀況

收入狀況是決定貨幣需求的主要因素之一。這一因素又可以分為收入水準和收入間隔兩個方面。在一般情況下，貨幣需求量與收入水準呈同向變動，當居民、企業等經濟主體的收入增加時，他們對貨幣的需求也會增加；當其收入減少時，他們對貨幣的需求也會減少。同時，如果人們取得收入的時間間隔延長，則整個社會的貨幣需求量就會增大；相反，如果人們取得收入的時間間隔縮短，則整個社會的貨幣需求量就會減少。

（二）價格水準

貨幣是交易和支付的手段，因而物價水準與貨幣需求有密切聯繫。在商品和勞務量既定的情況下，價格越高，社會商品流轉額就會上升，用於週轉或交易的貨幣需求量必然增加，因而物價水準越高，貨幣的需求量就越多；反之，則越少。當然，市場上商品的供求結構發生變化可以通過對價格水準來間接影響貨幣需求。

（三）收入的分配結構

從宏觀上來說，國民收入總是經過初次分配和再分配之後，最終形成各個部門的收入。收入在各部門分配的結構必然決定貨幣總需求中各部分需求的比重或結構。從微觀上來說，收入的分配結構不同將影響持幣者的消費與儲蓄行為，並對交易和儲蓄的貨幣需求產生一定影響。

（四）貨幣流通速度

貨幣流通速度是指單位貨幣在一定時期內週轉或實現交換的次數，即貨幣的轉手次數。它反應的是貨幣功能發揮的程度。貨幣流通速度越快，單位貨幣所實現的交易量就越多，完成一定交易量所需貨幣量就越少；反之，則越多。

（五）信用發達程度

信用制度和信用工具越發達，信用活動的效率越高，貨幣的使用數量也越節省。因為發達的信用使得人們在需要貨幣的時候，能容易地獲得現金或貸款，這樣人們所需要持有的貨幣就會少些，可以將暫時不需要的貨幣先投資於其他金融資產，待需要使用貨幣時，再將金融資產出售以換回現金。所以，在交易規模一定的情況下，信用活動越發達，需要的貨幣數量就越少；反之，則越多。

（六）市場利率和金融資產收益率

現實生活中，貨幣與金融資產之間存在著一定的替代關係。銀行存款利率、債券利率以及股票收益率等金融資產的收益率越高，意味著持有貨幣的機會成本越高，也就是因持有貨幣而必須放棄的收入越多，這時人們顯然會減少對貨幣的持有，即減少貨幣需求。

三、貨幣需求理論

經濟學家們從不同的角度研究了貨幣需求量和其影響因素之間的數量關係，進而形成了許多不同的貨幣需求理論，如古典學派的貨幣需求理論、凱恩斯的貨幣需求理

論、弗里德曼的現代貨幣數量理論等。

(一) 古典學派的貨幣需求理論

1. 費雪方程式

1911年，美國耶魯大學教授歐文・費雪在其出版的《貨幣的購買力》一書中提出了著名的交易方程式，被稱為費雪方程式。費雪認為，貨幣的唯一職能是充當交易媒介，人們對貨幣需求僅僅是因為貨幣具有購買力，可用來交換商品和勞務。假設以 M 表示一定時期內流通貨幣的平均數量；V 為貨幣流通速度，也就是每單位貨幣在一年內與商品交易的平均次數；P 為各類商品價格的加權平均數；T 為各類商品的實際交易數量，則有：

$$MV=PT \text{ 或 } P=MV/T \tag{8.1}$$

8.1式稱為費雪方程式，或交易方程式。PT 表示名義總收入，即通常所說的名義GDP。該方程式表明，名義總收入等於貨幣數量與貨幣流通速度的乘積；同時也說明 P 的值取決於 M、V、T 這三個變量的相互作用。不過費雪分析，在這三個經濟變量中，M 是一個由模型之外的因素所界定的外生變量；V 是由經濟中影響個人交易方式的制度所決定的，由於制度性因素在短期內不變，因而可視為常數；交易量 T 對產出水準常常保持固定的比例，並且由於費雪認為工資和價格是完全有彈性的，所以在正常年份整個經濟的總產出總是維持在充分就業的水準上。因此，在短期內也可以認為是大體穩定的。只有 P 和 M 的關係最為重要。這樣 P 的值就取決於 M 的數量的變化。由於 $MV=PT$，則

$$M=PT/V=1/V \cdot P \cdot T \tag{8.2}$$

這就是費雪的貨幣需求函數。在均衡狀態下人們手持的貨幣數量 M 就等於貨幣需求量 M_d，故可以用 M_d 取代8.2中的 M，用 K 來代替 $1/V$，則 $M_d=KPT$。這說明，僅從貨幣的交易媒介功能觀察，全社會在一定時期一定價格水準下的總交易量決定了人們的名義貨幣需求量 M_d。名義貨幣需求則取決於名義收入水準引致的交易水準；經濟中影響人們的交易方式；決定貨幣流通速度的制約因素。

費雪的貨幣數量論表明：貨幣需求僅僅是收入的函數，利率對貨幣需求沒有影響。

2. 劍橋方程式

劍橋學派的貨幣需求理論，也稱現金餘額說或劍橋方程式，是由同屬於劍橋學派的經濟學家馬歇爾、庇古等人創立的。雖然他們的分析得出與費雪貨幣需求方程式相同的結論，但研究方法卻大相徑庭。他們的觀點與費雪的顯著不同點在於，其強調微觀主體對貨幣需求的影響。他們認為，人們之所以持有貨幣，是由於貨幣具有交易媒介和價值儲藏職能，使持有者具有便於交易和預防意外的作用。假如以 Y 表示實際產出，P 代表物價水準，M_d 表示貨幣需求，K 代表人們的持幣比例，即以貨幣形態持有的財富占名義總收入的比例，則

$$M_d = K \cdot P \cdot Y \tag{8.3}$$

8.3式稱為劍橋方程式。由於假定人們的持幣比例受自身習慣等因素的影響，是穩定不變的，所以劍橋方程式表明，人們在通常情況下所持有的貨幣量或現金餘額，與名義總收入保持穩定的關係。

如果把 K 看成常數，該方程式和費雪方程式就僅有標號的不同了，只需令 $K=1/V$，它們便基本一樣了。但是它們的區別也是明顯的，現金餘額說將分析的重心放在貨幣持有方面，而費雪的現金交易說只注重交易制度因素，忽視個人資產選擇因素。

(二) 凱恩斯的貨幣需求理論

凱恩斯在1936年出版的《就業、利息和貨幣通論》一書中系統地提出了貨幣需求理論，即流動性偏好論。他從資產選擇的角度來考察貨幣需求，更為精確地研究了個人的持幣動機，發展了一種強調利率重要性的貨幣需求理論。

所謂流動性偏好是指，由於貨幣具有使用上的靈活性，人們寧肯以犧牲利息收入而儲存不生息的貨幣來保持財富的心理傾向。流動性偏好的實質就是人們對貨幣的需求。凱恩斯從貨幣需求的動機入手研究貨幣需求，認為人們的貨幣需求行為取決於3種動機，即交易動機、預防動機和投機動機，並將貨幣需求看成一種函數關係。

1. 交易動機

交易動機是指個人或企業需要貨幣是為了進行正常的交易活動。凱恩斯認為，個人和企業在收入的獲得和支出的發生之間在時間上不同步，因而個人和企業必須有足夠的貨幣資金來支付日常需要的開支。個人或企業出於這種交易動機所需要的貨幣量，決定於收入水準、收入與支出的時距及其規律性、支出習慣、金融制度、預期因素等。在這些因素中，除了收入因素外，其他因素均可視為在短期內不變的常量，於是，按凱恩斯的說法，出於交易動機的貨幣需求量主要取決於收入，收入越高，交易數量越大。交易數量越大，所交換的商品和勞務的價格越高，從而為應付日常開支所需的貨幣量就越大。

2. 預防動機

預防動機又稱謹慎動機，是指個人或企業為預防意外支出而持有的貨幣的動機，如個人或企業為應付事故、失業、疾病等意外事件而需要事先持有一定數量貨幣。預防動機的產生主要是因為未來收入和支出的不確定性。凱恩斯認為，人們願意持有的預防性貨幣餘額的數量主要取決於人們對未來交易水準的預期，而這些未來交易與收入呈正比。因而，他假定出於預防動機的貨幣持有與收入成比例。

由此可見，貨幣需求的預防動機和交易動機都與收入有關。因此，若用 M_1 表示由以上兩種動機形成的貨幣需求量，用 Y 表示名義收入，L_1 代表這種貨幣需求量與收入的函數關係，則這種貨幣需求量和收入的關係可表示為：

$$M_1 = L_1(Y) = kY \qquad (8.4)$$

8.4式中 k 為出於上述兩種動機所需貨幣量同收入的比例關係。上式說明，交易性和預防性貨幣需求與收入之間存在著正向變動關係。

3. 投機動機

投機動機是指人們為了抓住有利的購買有價證券的機會而持有一部分貨幣的動機。假定人們一時不用的財富只能用貨幣形式或債券形式來保存，債券能帶來收益，而閒置貨幣則沒有收益，那麼人們為什麼不全部購買債券而要在兩者間做選擇呢？原因是人們想利用利率或有價證券價格水準的變化進行投機。為理解這點，需要搞清楚債券價格與利率之間的關係。在實際生活中，債券價格高低與利率的高低存在著一種反向

變動的關係：債券價格＝債券固定收益/市場利息率。由於債券市場價格是經常波動的，如果人們預計債券價格將上漲（即預期利率將下降），則會用貨幣買入債券以備日後以更高價格賣出，對持有貨幣的需求將會降低；反之，若人們預計債券價格將下跌，就會賣出債券保存貨幣以備日後債券價格下跌時再買進。這種預計債券價格將下跌（即利率上升）而需要把貨幣保留在手中的情況，就是對貨幣的投機性需求。可見，這一需求與利率呈反向變化。

總之，對貨幣的投機性需求取決於利率，若用 M_2 表示投機性貨幣需求，r 表示利率，L_2 表示 r 與 M_2 的函數關係，則有如下關係式：

$$M_2 = L_2(r) = -hr \tag{8.5}$$

上式中 h 是貨幣投機需求的利率系數，負號代表貨幣投機需求與利率變動有負向關係。

將三種貨幣需求動機結合起來考察，得出凱恩斯的貨幣需求函數：

$$M = M_1 + M_2 = L_1(Y) + L_2(r) = kY - hr \tag{8.6}$$

上式表明，貨幣需求隨收入的變化呈同方向變化，與利率的變化呈反方向變化的關係。貨幣需求函數可用圖 8-1 來表示。

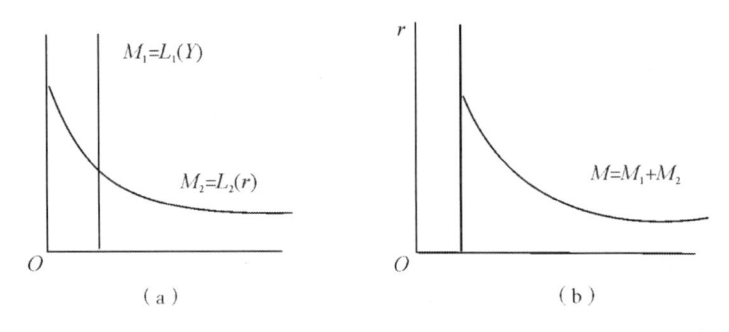

圖 8-1　貨幣需求曲線

凱恩斯還提出，在利率極低時，會出現流動性陷阱的極端情況。所謂流動性陷阱，就是指當利率極低時，幾乎所有的人都會產生未來利率上升從而債券價格下跌的預期，貨幣需求彈性就會變得無限大，當局無論增加多少貨幣供給，都會被人們儲存起來。圖 8-1（a）中的 M_2 線表示貨幣投機需求量隨利率下降而增加，最後為水準狀，表示流動性陷阱。

由於流動性陷阱的極端情況存在（20 世紀 30 年代經濟危機正是如此），使貨幣當局運用貨幣政策影響利率，進而增加投資和總需求的目的無法實現。因此凱恩斯得出結論，當利率達到極低水準時，貨幣政策是無效的。

（三）弗里德曼的貨幣需求理論

1956 年，弗里德曼發表的名作《貨幣數量說——重新表述》，標誌著現代貨幣數量論的誕生。在這篇文章中，弗里德曼對貨幣數量說給予新的解釋。他對貨幣數量說的重新論述主要集中於對影響貨幣需求的因素進行分析，並提出了貨幣需求函數。

弗里德曼認為影響人們持有貨幣數量的因素主要有三類：①財富是影響貨幣需求的重要因素。這裡的財富是包括貨幣在內的各種資產的總和。同時，他又將財富劃分

為人力與非人力財富兩種形式。②貨幣及其他各種財富的預期收益率是影響貨幣需求的另一因素。③其他因素，如財富所有者的特殊偏好等。

弗里德曼根據以上影響人們持有貨幣數量的因素提出了貨幣需求函數：

$$M_d/P = f\left(Y_p,\ W,\ r_m,\ r_b,\ r_e,\ \frac{1}{p}\cdot\frac{dp}{dt},\ \mu\right) \tag{8.7}$$

其中，M_d/P 表示實際貨幣需求；Y_p 表示實際恆久收入，即財富；W 表示非人力財富占個人總財富的比例；r_m 表示貨幣的預期名義收益率；r_b 表示固定收益的債券預期名義收益率；r_e 表示非固定收益的證券預期名義收益率；$\frac{1}{p}\cdot\frac{dp}{dt}$ 表示商品價格的預期變化率；μ 表示綜合變量。在上述影響貨幣需求的因素中，Y_p 和 r_m 與貨幣需求成正比，其餘因素與貨幣需求成反比。

弗里德曼的貨幣需求理論既是對古典貨幣數量論的繼承，又是發展；同時也是對凱恩斯主義貨幣需求理論的批判，又是改進。它有機地結合了宏觀經濟運行和微觀主體行為，是較全面的貨幣需求理論。

第二節　貨幣供給

一、貨幣供給的概念

貨幣供給是發行主體通過其業務活動向生產和流通領域提供貨幣的整個過程，是一個動態的概念。貨幣供給首先是一個經濟過程，即銀行系統向經濟中注入、創造、擴張（或收縮）貨幣的過程。這裡的銀行系統主要是指中央銀行和商業銀行，它們是一個經濟體的貨幣供給主體。一般來說，中央銀行根據社會需要發行現金貨幣，而商業銀行則根據社會需要提供存款貨幣。

關於貨幣供給的定義，需注意的是：①貨幣供給是一個存量概念，貨幣供給量是指一國在某一時點上流通中的貨幣存量。貨幣供給量不外乎是被一國經濟主體（包括個人、企事業單位、政府等）持有的、由銀行系統供應的存款量和貨幣發行量。因此，影響和決定貨幣發行供給存量大小的是銀行的信貸收支。②貨幣供給是反應在銀行資產負債表上的一定時點上的銀行負債總額。具體地說，存款是商業銀行的負債，而現金發行量則是中央銀行的負債。③貨幣供給首先是一個外生變量。因為中央銀行能夠按照自己的意圖運用貨幣政策工具對社會的貨幣量進行擴張或收縮，貨幣供給量的大小受政策左右。它同時又是一個內生變量，即不為政策因素所左右的非政策性變量。因此，中央銀行對貨幣供給量的調控變得十分困難。

同時，理解貨幣供給含義也應從貨幣供給的供給過程入手。在現代不兌現的信用貨幣制度下，流通中的貨幣不論是現金，還是存款，都是通過銀行的信用活動形成的。銀行是貨幣供給的主體。在貨幣供給過程中，商業銀行和中央銀行分別發揮不同的作用。整個貨幣的供給是由中央銀行提供基礎貨幣，在貨幣乘數的作用下，通過商業銀行的信用創造，然後向社會經濟提供包括現金、存款的各種不同層次的貨幣。可以說，貨幣供給就是以中央銀行供給基礎貨幣為起點，以商業銀行運用基礎貨幣為中間環節，

以非銀行部門轉移、結算貨幣為終點,形成一個複雜的貨幣供給體系。

二、貨幣供給機制

貨幣供給機制是指在經濟運行中,貨幣從哪裡來、通過什麼途徑進入流通,形成連續不斷的貨幣運動的功能。在現代信用貨幣制度下,一國的貨幣供給是由中央銀行銀行創造信用的機制和商業銀行擴張信用的機制共同發揮作用完成的。

(一) 中央銀行與貨幣供給

在貨幣供給過程中,中央銀行扮演著重要的角色,它直接控制著基礎貨幣的規模。作為發行的銀行、銀行的銀行和政府的銀行,中央銀行在一國銀行體系中處於主導地位。

1. 基礎貨幣

基礎貨幣也稱為貨幣基礎、貨幣基數,它是指具有使貨幣總量倍數擴張或收縮能力的貨幣,在本質上表現為中央銀行的負債。基礎貨幣一旦流入商業銀行系統,就會增強銀行信用創造的特殊功能,經濟學家通常也將基礎貨幣叫做高能貨幣或強力貨幣。

對於基礎貨幣可以從來源與運用兩個方面加以分析。從其來源看,它是指貨幣當局時公眾的負債,即由貨幣當局投放並為貨幣當局所能直接控制那部分貨幣,它是整個貨幣供給量的一部分;從其運用來看,它由兩個部分構成:一是商業很行的存款準備金,它包括商業銀行的庫存現金及商業銀行在中央銀行的存款準備金;二是流通於銀行體系之外而為社會公眾所持有的現金。這兩者的實質都是中央銀行對社會公眾的負債總額。

基礎貨幣的伸縮或增減對商業銀行信用規模有非常重要的影響,它直接決定了商業銀行準備金的增減,從而決定了商業銀行的信用規模的擴張和收縮。因此,基礎貨幣的變化會引起貨幣供給量的變化。

2. 基礎貨幣的投放渠道

基礎貨幣無論是流通中的現金,還是商業銀行的準備金,其實質都是中央銀行的負債。我們可以從中央銀行的資產負債表來分析基礎貨幣的供應量。

表 8-1　　　　　　　　　　簡化的中央銀行資產負債表

資產	負債
1 貸款 2 投資 3 外匯 4 黃金	1 通貨 2 存款

基礎貨幣的供應量是通過中央銀行的信用活動來實現的。中央銀行的資產運用形成基礎貨幣的來源,中央銀行的淨負債構成基礎貨幣。

從中央銀行的資產負債表可以看出,中央銀行創造信用是通過三大途徑完成的:

(1) 國內貸款。中央銀行對商業銀行和其他金融機構發放再貸款和再貼現,增加商業銀行在中央銀行的存款,這部分基礎貨幣經由各金融機構的貸款轉化為企業與個

人的存款和現金，進入貨幣流通領域。中央銀行一般通過調整再貼現政策來影響貸款的需求，即中央銀行可以通過降低再貼現利率來鼓勵商業銀行再貼現，而商業銀行在資金週轉困難時，急需中央銀行資金援助，通過再貼現在中央銀行借款。這樣，商業銀行準備金增加，從而增加了基礎貨幣的供給數量。

（2）購買國內證券。中央銀行在證券市場操作公開市場業務，向商業銀行或企事業單位與個人購買國債資產，出售國債的單位或個人均將獲得一筆等值的款項。因此，中央銀行在購入證券的同時投放了等值的通貨；反之，減少其持有的國債資產，資金回籠，商業銀行的存款準備金減少，基礎貨幣也相應減少。

（3）收購外匯及黃金。中央銀行通過收購外匯、黃金，增加其外匯、黃金儲備，形成中央銀行的資產，相當於向流通中投放了等額本幣，擴大了基礎貨幣的供給量；相反，若中央銀行出售外匯、黃金時，則回籠了本幣，減少了基礎貨幣的供應。

（二）商業銀行的存款貨幣創造

商業銀行具有創造貨幣及信用的能力。在現代金融制度下，商業銀行是貨幣供給體系中的一個重要層次，是整個貨幣運行的最主要的載體。商業銀行通過其資產、負債業務完成貨幣創造的功能。

1. 基本概念

（1）原始存款與派生存款。銀行的存款由兩部分構成：原始存款和派生存款。

原始存款是指能夠增加商業銀行準備金的存款，也是商業銀行創造信用、供給款貨幣的原本或基礎。商業銀行獲得原始存款後，除按法定存款準備金比率保留一部分作為法定準備金以外，其餘部分可用於放款或購買證券。通過對原始存款的吸收和放貸，商業銀行系統又可創造出數倍於原始存款的派生存款。中央銀行通過規定法定存款準備金比率來控制這部分存款，以達到調節信貸規模和控制貨幣供應量的目的。

派生存款是相對於原始存款而言，是由銀行的放款行為引申出來的。商業銀行吸收到原始存款後，只按規定留一部分作現金準備滿足體現去求，其餘部分可用於放款和投資。在廣泛使用非現金結算的條件下，取得銀行貸款或投資款項的客戶並不（或不全部）支取現金，而是轉入其銀行存款同帳戶。這樣就在原始存款的基礎上，形成了一筆新的存款。接受這筆新存款的商業銀行，除保留一部分作為準備金外，其餘部分又可用於放款和投資，從而又派生出存款。這個過程繼續下去，就可以創造出大量的派生存款。

（2）法定準備金和超額準備金。金融機構為保證客戶提取存款和資金結算需要而準備的在中央銀行的存款。在現代金融制度下，金融機構的準備金分為兩部分，一部分以現金的形式保存在自己的業務庫，另一部分則以存款形式存儲於央行，後者即為存款準備金。存款準備金分為法定準備金和超額準備金兩部分。按照中央銀行要求持有的準備金稱為法定準備金。超過部分稱為超額準備金。

央行規定金融機構須將自己吸收的存款按照一定比率交存央行，這個比率就是法定存款準備金率，按這個比率交存央行的存款為法定準備金存款。金融機構在央行存款超過法定準備金存款的部分為超額準備金存款，超額準備金存款與金融機構自身保有的庫存現金，構成超額準備金（習慣上稱為備付金）。超額準備金與存款總額的比

例是超額準備金率（即備付率）。

2. 存款貨幣創造的前提條件

商業銀行以原始存款為基礎創造派生存款的必備條件有兩個：部分準備金制度和非現金結算制度。

（1）部分準備金制度。部分準備金制度是指商業銀行在業務經營中，只需要以現金和在中央銀行存款的形式，按存款的一定比例保留準備金，把其餘的資金全部貸出的制度。在這種制度下，商業銀行不必對所有的存款保留100%的準備金，而只需要按存款總額的一定比例來保留準備金即可，其餘的可以用來發放貸款，也可以用來進行證券投資，如此循環下去，就會形成多倍的存款創造。

（2）非現金結算制度。非現金結算即現金結算的對稱，又稱轉帳結算。轉帳結算是指不使用現金，通過銀行將款項從付款單位（或個人）的銀行帳戶直接劃轉到收款單位（或個人）的銀行帳戶的貨幣資金結算方式。在非現金結算方式下，企業通過銀行完成交易款項的支付與收取。一方面，商業銀行的負債憑證即存款貨幣與現金一樣發揮流通手段和支付手段作用，另一方面，收款單位將資金存入銀行，銀行提留法定準備金之後，再放貸給企業。這樣循環往復，商業銀行的資產與負債規模都得到擴張。如果商業銀行把吸收的存款中可以貸出的部分貸出後，借款人把貸款全部以現金形式提走，而且在貸款歸還之前這筆現金始終在公眾手中流通，未存入銀行，也不會有存款的創造。

3. 存款貨幣的創造過程

為說明商業銀行存款貨幣的多倍創造過程，我們用銀行的資產負債表（T式帳戶）進行分析，設置如下假設條件：第一，銀行體系由中央銀行和商業銀行組成；第二，法定準備率為20%，且商業銀行除留存法定準備金以外，其餘的存款均用於放貸；第三，銀行客戶會將其一切貨幣收入以活期存款形式存入銀行。在這種情況下，甲客戶將100萬美元存入自己在A銀行開設的存款帳戶，銀行體系就因此增加了100萬美元的準備金。A銀行按法定準備金率保留20萬美元作為準備金存入中央銀行，其餘80萬美元全部貸出。A銀行的資產負債表如表8-2所示：

表 8-2　　　　　　　　　　　　　A 銀行資產負債表

資產	負債
準備金　20 萬美元	存款　100 萬美元
貸款　80 萬美元	
合計　100 萬美元	合計　100 萬美元

假定A銀行的80萬美元是借給了一家公司用來購買機器，機器製造商乙得到這筆從A銀行開來的支票又全部存入與自己有往來的B銀行，B銀行得到這80萬美元支票存款後留下16萬元作為法定準備金存入中央銀行，然後再貸出64萬美元。這樣，B銀行的資產負債表如表8-3所示：

表 8-3　　　　　　　　　　B 銀行資產負債表

資產	負債
準備金　16 萬美元	存款　80 萬美元
貸款　64 萬美元	
合計　80 萬美元	合計　80 萬美元

依次類推，C 銀行的資產負債表如表 8-4 所示。

表 8-4　　　　　　　　　　C 銀行資產負債表

資產	負債
準備金　12.8 萬美元	存款　64 萬美元
貸款　51.2 萬美元	
合計　64 萬美元	合計　64 萬美元

由此，不斷存貸下去，各銀行的存款總和是：

$100+80+64+51.2+\cdots$

$= 100(1+0.8+0.8^2+0.8^3+\cdots+0.8^{n-1})$

$= 100/(1-0.8) = 500$（萬美元）

而貸款總和是：

$80+64+51.2+\cdots$

$= 100(0.8+0.8^2+0.8^3+\cdots+0.8^n) = 400$（萬美元）

其派生存款為 400 萬美元。

從以上例子可見，存款總和（用 D 表示）同這筆原始存款（用 R 表示）及法定準備率（用 r_d 表示）之間的關係為

$$D=R/r_d \tag{9.8}$$

上例中派生存款的創造過程可列表如表 8-5 所示：

表 8-5　　　　　　法定準備金率條件下的派生存款創造過程

銀行名稱	銀行存款	法定準備金	銀行貸款
A	100	20	80
B	80	16	64
C	64	12.8	51.2
⋮	⋮	⋮	⋮
合計	500	100	400

上述的存款創造過程屬於簡單存款創造過程。該過程表明，對於整個銀行體系來說，通過貸款和存款之間的相互轉化，某個銀行新增的原始存款最終被完全轉化為整

個銀行體系的法定準備金，即新增的原始存款被銀行體系的新增存款完全消化了。

4. 貨幣乘數

貨幣乘數是指貨幣擴張（或收縮）的倍數，它是商業銀行存款創造過程中存款總額與原始存款之比。貨幣乘數反應了貨幣供應量與基礎貨幣之間的倍數關係。

根據 8.8 式可得出，$1/r_d$ 成為貨幣乘數，用 k 表示的話，則 $k = 1/r_d$，它是法定準備金率的倒數。上述存款創造過程中假設法定準備率為 20%，則貨幣乘數為 5。

從上面的分析可知，貨幣的供給不能只看到中央銀行起初投放了多少貨幣，而必須更為重視派生存款或者說派生貨幣，即由於貨幣創造乘數作用而增加的貨幣供給量，而貨幣乘數的大小與法定準備率有關，法定準備率越大，乘數就越小。同時，貨幣乘數的變化也會對貨幣供給量有影響，主要表現在：在貨幣供應量增長和緊縮時，貨幣乘數充當貨幣供應量的放大器或消減器，以產生對基礎貨幣一定倍數放大或緊縮的效果；在基礎貨幣量不變時，貨幣乘數的變動直接影響貨幣供應量的變化；在調節貨幣供應量時，貨幣乘數和基礎貨幣可以互相協調，以減緩經濟的震盪，如果輔之以基礎貨幣量的變動，則可以緩和貨幣乘數變動引起的衝擊。

但是，以上所說貨幣乘數為法定準備率的倒數是有條件的，是在超額準備為零以及無現金漏出的前提下進行分析。但事實並非如此簡單。實際上，在商業銀行存款創造的過程中，還要受超額準備金、現金漏損率等因素的影響。因此，我們將貨幣乘數進行適當修正。

（1）超額準備金的影響。若商業銀行沒有超額儲備，即商業銀行得到的存款扣除法定準備金後將全部放貸出去。但是，如果銀行為保持流動性，或廠商由於預期利潤率太低而不願意借款等諸如此類的原因會使商業銀行的實際貸款低於其本身的貸款能力。這部分沒有放貸出去的款額就形成超額準備金。超額準備金對存款的比率可稱超額準備率（可用 r_e 表示）。

這時，貨幣乘數不再是法定準備率的倒數，而應該擴展為

$$k = 1/(r_d + r_e) \tag{8.9}$$

（2）現金漏出的影響。在現實經濟生活中，客戶取得銀行貸款後，並非將所有的貨幣都在存入銀行，他們通常會提取部分現金滿足自己的各種需要，即在貸款轉化為存款的過程中會出現一些現金漏出。銀行在信用擴張及創造派生存款的過程中，難免會有部分現金流出銀行體系，保留在人們的手中而不再流回。由於現金外流，銀行可用於放款的資金減少，因而削弱了銀行體系創造存款貨幣的能力。這種現金漏出同商業銀行的超額準備金的影響一樣，都是派生存款過程中的損失。若用 r_c 表示現金在存款中的比率，則有超額準備和現金漏出時，貨幣乘數應為

$$k = 1/(r_d + r_e + r_c) \tag{8.10}$$

（3）活期存款轉定期存款的影響。由於經濟主體會持有活期存款，也會持有定期存款。當活期存款被轉入定期存款時，儘管不使原持有的準備金額下降，但這種變動會對貨幣乘數產生影響。因為法律規定，銀行對定期存款也要按照一定的法定準備率（r_t）提取準備金。定期存款同活期存款總額之間也會保有一定的比例關係（表示為 t），也就是說每一個貨幣單位的活期存款中就會有 $r_t \cdot t$ 作為法定準備漏出，考慮到這

部分對貨幣乘數的影響，從而貨幣乘數公式進一步擴展為

$$k = 1/(r_d + r_e + r_c + r_t \cdot t) \tag{8.11}$$

從上述式子可以看到，貨幣乘數除了和法定準備率有關，還和超額準備率、現金漏損率、定期存款比率等因素有關，這說明由於派生存款創造過程中的種種漏出，其擴張倍數縮小了。

這裡必須強調指出：上述銀行存款的多倍擴張的連鎖反應也會發生相反的作用。相反的連鎖反應會使整個銀行體系按乘數來縮小存款總額。同時，就實際情況來說，存款貨幣的擴張究竟能達到多少倍數，還得依整個國民經濟情況、經濟發展階段而定。

第三節　貨幣均衡

一、貨幣均衡的含義

所謂貨幣均衡，是指貨幣供給與貨幣需求的一種對比關係，是貨幣供給量與國民經濟發展對貨幣的客觀需要基本上相適應的一種狀況。由於貨幣需求所對應的主要是商品和勞務的實際交易，貨幣供給主要為這種交易提供購買和支付手段，因此貨幣均衡的狀態就表現為在市場上既不存在實際交易量大而購買力或支付能力不足所導致的商品滯銷，也不存在實際交易量小而購買力或支付能力過多而導致商品短缺或價格上漲。

分析貨幣均衡定義時，需要注意以下幾點：

第一，貨幣均衡是貨幣供給與貨幣需求的基本適應，而非數量上完全相等。換句話說，貨幣均衡不是貨幣供給量和實際貨幣需求量一致，而是貨幣供給量與適度貨幣需求量基本一致。

第二，貨幣均衡是一個動態概念。日常經濟生活中供求狀況更多地表現為失衡。這種均衡並不追求某一時點上的靜態均衡，而應是一段時期內的動態均衡，是經常發生的貨幣失衡中運用各種調控機制暫時達到的均衡狀態，這種均衡很快又會遭到破壞，又需要再建立新的平衡關係。

第三，貨幣均衡在一定程度上反應了國民經濟的總體均衡狀況，兩者互為影響。貨幣不僅僅是現代經濟中商品交易的媒介，還是國民經濟發展的內在要求；貨幣供需的相互作用制約並反應了國民經濟運行的全過程，國民經濟運行的狀態會通過貨幣均衡與否反應出來。因此，貨幣均衡不能簡單地理解為貨幣供給與貨幣需求自身相適應，還必須聯繫社會總供給與社會總需求即經濟均衡來分析。

二、貨幣均衡與社會總供求均衡

（一）社會總供求

社會總供求之間的平衡是指社會總供給與總需求的相互適應。最簡單地表述為，總供給（AS）是指一個國家或地區在一定時期內（通常為1年）由社會生產活動實際可以提供給市場的可供最終使用的產品和勞務總量。總需求（AD）是總供給的對稱，又稱總支出，指經濟中對物品與勞務需求的總和，或用於購買物品與勞務的支出的總

和。在凱恩斯主義宏觀經濟模型中，總需求決定國民收入與就業水準。

(二) 貨幣供給與社會總需求

社會總需求可以分成以下四個部分：

$$AD = C + I + G + (X - M) \tag{8.12}$$

式中 C 為消費需求；I 為投資需求；G 為政府支出，可分解為消費支出和投資支出；$X-M$ 為淨出口，同樣也可分解為消費支出和投資支出。因此，社會總需求可歸為兩類，消費需求和投資需求進行分析。

在現代經濟中不論是消費需求還是投資需求的實現都需要支付貨幣，其表現為有支付能力的需求。收入水準決定了人們的總需求，而貨幣供給又決定了人們的收入水準。所以，貨幣供給和社會總需求的關係是：貨幣供給決定社會總需求。貨幣供給增加時，名義國民收入增加，各部門的名義收入也增加，社會總需求增加。若貨幣供給是適當的，由它作為載體的總需求也是適當的，因為這樣的貨幣供給和總需求可以保證社會總產出得以出清。調節貨幣供給的規模會影響社會總需求的擴張。所以，貨幣供給是否合理決定著社會總需求是否合理，從而決定著社會總供求能否達到平衡。

(三) 社會總供給與貨幣需求

從宏觀角度來看，貨幣需求是流通中的商品和勞務需要多少貨幣媒介來完成它們的交換。任何商品和勞務都需要用貨幣來度量其價值，並通過與貨幣交換實現其價值，產品市場的商品供給決定了一定時期貨幣市場上的貨幣需求。經濟體系中到底需要多少貨幣，從根本上說，取決於有多少實際資源需要貨幣實現其流轉。所以，社會總供給和貨幣需求之間的關係應該是社會總供給決定貨幣需求。

從微觀角度來看，也能得到相同的結論。貨幣需求是指人們在一定的收入水準下，願意以貨幣的形式保留財富的數量。顯然，貨幣需求的大小取決於人們收入的高低，而收入最終來源於總供給。人們只有創造出總供給，才可能獲得收入。所以，人們的實際收入水準取決於總供給的多少，又直接決定了貨幣需求。

(四) 貨幣供給與社會總供給

貨幣供給是否合理決定看社會總需求是否合理。同時，貨幣供給還會通過兩個途徑影響社會總供給，其一是在經濟中存在閒置的社會資源時，若貨幣供給增加，投資增加，會使閒置的社會資源得以利用，導致社會總需求相應增加，從而引起社會總供給的增加，進而引起貨幣需求的進一步增加，使產品市場和貨幣市場達到均衡。其二是在經濟中不存在閒置的社會資源時，貨幣供給的增加會隨之引起社會總需求增加。但由於社會資源已得到充分利用、無法引起社會總供給的增加，而只能引起價格水準的上漲、對貨幣的實際需求並未增加，從而使產品市場和貨幣市場由於價格上漲而處於一種強制的均衡狀態。

(五) 貨幣供求均衡與社會總供求均衡

綜上所述，社會總供給的形成需要通過貨幣來表現、衡量和實現，這就產生了對貨幣的需求，而社會總需求的形成又決定於貨幣的供給。由於總供給與總需求之間存在密切的聯繫，並且總需求更多地制約總供給的變化，而貨幣供給從根本上受制於貨幣需求。因此，貨幣供求均衡是社會總供求均衡的現象形態或載體，如果分別用 M_s、

M_d、AS、AD 代表貨幣供給、貨幣需求、社會總供給和社會總需求，上述關係可以進一步表示為圖 8-2。

```
     AS  ◄─────────  AD
     │                ▲
     ▼                │
    M_d ──────────►  M_s
```

圖 8-2　貨幣供求與社會總供求關係圖

圖 8-2 包括以下幾層含義：①社會總供給決定了一定時期的貨幣需求。在商品貨幣經濟條件下，任何商品都需要用貨幣來表現或衡量其價值量的大小，並通過與貨幣的交換實現其價值。此時，商品是第一性的，貨幣是第二性的，貨幣是為商品服務的，有多少商品生產出來就需要多少貨幣與之對應。②貨幣需求決定了貨幣的供給。因為中央銀行控制貨幣供給的出發點和歸宿點都在於使貨幣供給適應貨幣需求，並以貨幣需求作為前提和基礎。③貨幣的供給形成對商品的需求。基礎貨幣經銀行體系的資產業務活動創造出存款貨幣，形成了有支付能力的對商品及勞務的總需求。④社會總需求 AD 必須與社會總供給 AS 保持平衡。如果社會總需求大於社會總供給，會引起物價水準上漲，通貨膨脹的發生；反之，如果社會總需求小於社會總供給，會引起存貨增加，投資下降，失業增加。所以，保持社會總需求與社會總供給平衡是各政府宏觀管理的最終目標。

在這個關係圖中，貨幣供求的均衡是整個宏觀經濟平衡的關鍵。也就是說，如果貨幣供求不平衡，整個宏觀經濟的均衡就不可能實現。而要使貨幣供求保持均衡，就需要中央銀行控制貨幣的供給，使貨幣的供給與客觀的貨幣需求經常保持一種相互適應的關係，以保證經濟的發展有一個良好的貨幣金融環境，從而促進宏觀經濟均衡協調的發展。

三、貨幣失衡

（一）貨幣失衡概念

貨幣失衡是同貨幣均衡相對應的概念，又稱貨幣供求的非均衡，是指在貨幣流通過程中，貨幣供給偏離貨幣需求，從而使二者之間不相適應的貨幣流通狀態。貨幣失衡有兩種表現：貨幣供應量相對於貨幣需求量偏小，或貨幣供應量相對於貨幣需求量偏大。在現代信用貨幣制度下，前一種貨幣供給不足的情況很少出現，即使出現也容易恢復，經常出現的是後一種貨幣供給過多引起的貨幣失衡。造成貨幣供應量大於貨幣需求量的原因很多，例如政府向中央銀行透支以融通財政赤字，一味地追求經濟增長速度，而不適當的採取擴張性貨幣政策刺激經濟等，其後果之一就是引發嚴重的通貨膨脹。

（二）貨幣失衡與社會總供求失衡的關係

貨幣失衡反應了貨幣供給與貨幣需求之間的嚴重不相適應，同時也從根本上反應了社會總供給與總需求之間的不相適應，也就是我們所說的社會總供求失衡。在社會

主義市場經濟條件下，社會總需求與社會總供給的關係，歸根究柢是貨幣供給與貨幣需求的關係。

社會總需求是由各種具體形態的貨幣供給所體現的，有支付能力的購買力構成的。即貨幣供給必形成了社會購買力，進而形成了對商品與勞務的需求。社會總需求也就是在現有貨幣供給下對商品和勞務的需求，實際承擔者是現實存在的貨幣供給量。社會總供給的具體形態是各種待售的商品與勞務，然而，社會生產的最終目的是將其使用價值轉化成價值，而價值是通過貨幣表現出來的。因此，可以說，社會總供給是以商品與勞務的形式而對貨幣發生需求，生產總量決定著貨幣的實際需求數量。很顯然，社會總需求與總供給的關係，實際上就是貨幣供給、貨幣需求的關係的外化，最終是由貨幣供給、貨幣需求的關係決定的。因此，社會總需求與總供給的失衡，實際上是貨幣供給與貨幣需求的失衡。也就是說，貨幣失衡是社會總供求失衡的形成原因，社會總供求失衡是貨幣失衡的表現形式。

四、通貨膨脹和通貨緊縮

（一）通貨膨脹

通貨膨脹是貨幣失衡的表現，指在貨幣流通條件下，因貨幣供給大於貨幣實際需求，使經濟中的大多數商品和勞務的價格連續在一段時間內物價水準以不同形式（包括顯性和隱性）普遍上漲。其實質是社會總需求大於社會總供給（供遠小於求）。對於通貨膨脹的定義，經濟學家之間分歧很大，但在對其描述性的定義方面卻是一致的，即物價普遍而持續上漲的一種經濟現象。這裡包含兩層意思：一是指物價普遍上漲，也就是所有商品和勞務價格在內的總物價水準，而不是指個別物價或部分物價的上漲。二是物價上漲是一個持續的過程。

衡量通貨膨脹率的價格指數一般有三種：消費價格指數、生產者價格指數、國民生產總值價格折算指數。

通貨膨脹按產生的原因劃分為以下幾種類型：一是需求拉動型通貨膨脹。即由於經濟運行中總需求過度增加，超過了既定價格水準下商品和勞務等方面的供給而引發通貨膨脹，即過多的貨幣追逐過少的商品，按照凱恩斯的解釋，如果總需求上升到大於總供給的地步，過度的需求是能引起物價水準的普遍上升。二是成本推動型通貨膨脹。成本推動而形成的通貨膨脹是指在社會商品和勞務總需求不變的情況下，因生產成本提高而引起的物價總水準的上漲。三是供求混合推進型通貨膨脹。供求混合推進型通貨膨脹是指由於需求拉上和成本推進的共同作用而引發的通貨膨脹。四是結構型通貨膨脹。結構型通貨膨脹是指由於經濟結構本身的不平衡，也會出現一般價格水準的持續上漲。

通貨膨脹對經濟的影響是多方面的，主要包括收入分配效應、產出效應等。世界各國經濟發展的實踐表明，通貨膨脹是一把雙刃劍，從短期來看應該說對經濟具有一定的刺激作用，促使投資需求增加，刺激企業加大投資，促進經濟增長；而從長期來看，持續的通貨膨脹最終都會給一國經濟發展帶來負面的效應和影響，尤其是在生產、流通、收入分配、國際收支、貨幣信用制度等方面帶來負面的效應和影響。治理通貨

膨脹一般要多管齊下，即從需求管理政策、收入政策、供給政策、結構調整政策等多方面著手。

(二) 通貨緊縮

通貨緊縮是與通貨膨脹相對的一個概念，是貨幣失衡的另一種表現。通常意義上是指一般物價總水準全面而持續下跌的經濟現象。一般來說，通貨緊縮的發生是由於經濟中總供給超過了總需求，導致生產過剩、商品滯銷而引發的物價總水準全面而持續地下跌。

通貨緊縮的成因是複雜的，但一般認為是有效需求不足、生產力水準的提高和生產成本的降低、結構性因素、本幣匯率高估和其他外部因素的衝擊、金融體系的效率降低或出現大量不良資產和壞帳等導致的。通貨緊縮也是一把雙刃劍。從短期來看，物價下跌能夠降低消費成本，使消費者得到一定的好處，名義利率的下降也使企業的負債壓力有所減輕。但從長期來看，通貨緊縮會對一國的經濟發展帶來嚴重的負面影響，具體表現在：一是加速經濟衰退；二是抑制社會總需求；三是影響金融穩定；四是影響社會穩定。嚴重的通貨緊縮，會導致企業因商品銷售困難而停產、半停產，出現嚴重虧損，債務負擔加重，個人收入下降，銀行不良債權增加，影響人們對金融系統的信心，危及社會信用，導致金融不穩定。

應當指出，想要有效地治理通貨緊縮，僅僅依靠實行財政政策和貨幣政策是不夠的，還必須同時運用其他的經濟政策措施，如與產業政策、收入分配政策等協調配合，進行綜合治理，這樣才能達到更好的治理效果。

第四節　貨幣供給與需求的總結

第一，貨幣需求理論主要包括古典貨幣需求理論、凱恩斯的貨幣需求理論、弗里德曼的貨幣需求理論，這些理論主要從兩個角度來研究貨幣需求：一是從貨幣的基本職能——交易職能入手，討論為了實現商品流通的需要而對貨幣形成的需求；二是從資產選擇的角度出發，分析人們願意以多大的比例以貨幣這種形式持有其自身擁有的財富。

第二，整個社會的貨幣供給量等於基礎貨幣乘以貨幣乘數。中央銀行掌握著貨幣供給的源頭——基礎貨幣，它等於流通中現金加上銀行準備金。中央銀行投放了基礎貨幣之後，經過商業銀行進行存款貨幣的創造過程，會產生多倍擴張的存款貨幣。我們把基礎貨幣變動引起的貨幣供給變動的倍數稱為貨幣乘數。而之所以有貨幣乘數，是因為商業銀行存款乘數的作用。存貨幣乘數受到現金漏損率、超額準備金率和定期存款（或儲蓄存款）占活期存款的比例這三個因素的影響。因此，對貨幣供給過程的完整分析表明，貨幣供給量是由中央銀行、存款貨幣金融機構、居民和企業行為以及財政收支等因素共同決定的。

第三，貨幣均衡是指在一定時期內，貨幣供給量與國民經濟發展對貨幣的客觀需要基本上相適應的一種狀況。貨幣失衡是指在貨幣流通過程中，貨幣供給偏離貨幣需求，從而使二者之間不相適應的貨幣流通狀態。

第四，通貨膨脹通常表述為由於貨幣供應過多而引起貨幣貶值、物價上漲的經濟現象。通貨膨脹的衡量指標：消費物價指數、批發物價指數和平減指數。通貨膨脹的成因主要有：需求拉上的通貨膨脹、成本推動通貨膨脹、混合型通貨膨脹及結構型通貨膨脹。通貨緊縮是由於經濟中總供給超過了總需求，導致生產過剩、商品滯銷而引發的物價總水準全面而持續地下跌。兩者都是貨幣失衡的表現。

本章思考題

1. 結合中國經濟金融發展的實際情況，說明影響中國貨幣需求的因素有哪些。
2. 簡述凱恩斯貨幣需求理論的主要內容。
3. 簡述存款貨幣的創造過程。
4. 中央銀行和商業銀行在貨幣供給過程中各發揮怎樣的作用？
5. 什麼是貨幣乘數？影響貨幣乘數的因素有哪些？
6. 什麼是基礎貨幣？基礎貨幣的投放渠道有哪些？
7. 簡述通貨膨脹的成因。
8. 如何實現貨幣供求平衡？

國家圖書館出版品預行編目（CIP）資料

金融學 / 張若為 主編. -- 第一版.
-- 臺北市：財經錢線文化, 2019.10
　　面；　　公分
POD版

ISBN 978-957-680-384-0(平裝)

1.金融學

561.7　　　　　　　　　　　　　　　　108016729

書　　　名：金融學
作　　　者：張若為 主編
發 行 人：黃振庭
出 版 者：財經錢線文化事業有限公司
發 行 者：財經錢線文化事業有限公司
E - m a i l：sonbookservice@gmail.com
粉 絲 頁：　　　　　　　網　址：
地　　　址：台北市中正區重慶南路一段六十一號八樓 815 室
8F.-815, No.61, Sec. 1, Chongqing S. Rd., Zhongzheng
Dist., Taipei City 100, Taiwan (R.O.C.)
電　　　話：(02)2370-3310　傳　真：(02) 2388-1990
總 經 銷：紅螞蟻圖書有限公司
地　　　址：台北市內湖區舊宗路二段 121 巷 19 號
電　　　話:02-2795-3656 傳真:02-2795-4100　網址：
印　　　刷：京峯彩色印刷有限公司（京峰數位）

　　本書版權為西南財經出版社所有授權崧博出版事業股份有限公司獨家發行電子書及繁體書繁體字版。若有其他相關權利及授權需求請與本公司聯繫。

定　　　價：250元
發行日期：2019 年 10 月第一版
◎ 本書以 POD 印製發行